ビギナーズ・クラシックス 中国の古典

蒙求

今鷹 眞

角川文庫
16617

はじめに

「蛍の光、窓の雪」、卒業式などお別れの席で歌われるこの歌を、歌ったことがある人は多いでしょう。この歌詞は、貧しかった晋《しん》の車胤《しゃいん》という人が数十匹の蛍を薄い絹の袋に入れ、同じく晋の孫康《そんこう》が雪あかりを利用し、ともに灯火の代わりとして書物を読み勉強したという話に基づいています。われわれ日本人は、この話を『蒙求《もうぎゅう》』という書物によって知り、共通の知識としました。

平安時代に伝わった『蒙求』は、「蛍の光、窓の雪」の例のように、日本人の教養・知識にとって欠かせない書物となりました。特に江戸時代中期から明治の半ばまで、知識水準が高まり、皆がある程度の教育をうけるようになると、たとえこの書物全部を読まなくても、この書物に載せられているいくつかの話は、教えられ知るようになったのです。過去の日本人にとってももっともなじみ深い書物、それが『蒙求』という中国の故事集でした。現在でも、高校の漢文教科書に、『蒙求』が採られているのは、そうした伝統があるからです。

唐の李瀚《りかん》という人物によって作られたという『蒙求』は、五百九十六句よりなる四字句の韻文です。童蒙《どうもう》、すなわちものを知らない子どもたちの要求にこたえられるように、歴史上の故事を編集したものなのです。四字句の韻文に仕立てあげたのは、暗《あん》誦《しょう》のためであり、暗誦することによって自然に故事を覚えさせようと意図したものでした。一つの四字句が一つの故事を示すという形式ですが、わずか四字で必要な情報をすべて伝えることは不可能なので、話の内容を詳しく語る注が必要となりました。作者自身による注がつけられていましたが、どういうわけかその自注は広く伝わらず、宋《そう》の徐子光《じょしこう》が書いた注によって読まれるようになりました。

日本では、最初自注本が、やがて徐子光注本が入り、徐子光本で熱心に読まれるようになります。つねにこの注を必要とする書物であったために、『蒙求』の名は韻文と注の両者をふくめてさすことばとなったのです。

今、その中から三十一編を選び一端を示しました。

二〇一〇年十月

今鷹　眞

目次

コラム索引

※本文中注記のない図版は、『中国古典文学版画選集　下』（一九八一年）による。

解　説

一　作者について

『蒙求』は、盛唐（七一三〜七六六）の人李瀚《りかん》によって作られました。

李瀚についての詳しい伝記はわかりません。『蒙求』に付された李華《りか》という人の「序」と、玄宗《げんそう》皇帝の天宝《てんぽう》五年（七四六）八月一日の日付のある饒州刺史《じょうしゅうしし》李良《りりょう》の「蒙求を薦《すす》むる表」とにしるされている事柄だけが、われわれの知り得るほぼすべての情報です。これにより記します。

李瀚は安平《あんぺい》の人です。安平は現在の河北省、当時でいえば河道《かどう》南部の深州《しんしゅう》に属します。仕えて信州の司馬倉参軍となりました。信州はこの時代、饒州の行政区内にあった上饒で、今の江西省上饒市にあたります。従七品下の官として、租調（税）・倉庫・市肆《しし》（市場）などに関する事務を担当しました。定員は一人。どのような理由から定かではありませんが、この職を退いたのち、李瀚は饒州に寄寓します。饒州は上饒の西北、鄱陽《はよう》（中国でいちばん広い淡水湖鄱陽湖の東岸）に州庁がありました。その鄱陽に家族とともに住んだものと思われます。そこで子どもたちのために『蒙求』を作りました。李瀚は李瀚の家の子どもは三、四歳で、この韻文を朗誦《ろうしょう》することができたといいます。李瀚は自分の作品に自信があったのでしょう。当時の文壇の有力者・李華に「序」を書いてもらい、饒州刺史の李良に差し出して就職を依頼したようです。李良の「表」は『蒙求』を推奨し、李瀚の任官を要請する。その結果と李瀚の以後の事跡については残念ながら不明です。

「序」を書いた李華は、玄宗の開元二三年（七三五）科挙の試験に合格し、天宝年間に監察御史（七五二）・侍御史・礼部員外郎・吏部員外郎を歴任、安史の乱（七五五）を経て、代宗《だいそう》の大暦年間の初め（七六六？）に没しています。唐代の歴史を書いた書物『旧唐書《くとうしょ》』『新唐書』ともに、文学者を集めた伝《でん》に記載があるように、李華は美麗な文章を書くことで当時評判が高く、かつ優れた人物を愛好し推挙することを好んだといいます。「序」も一芸ある人物を愛好する気性から書かれたのかもしれません。『新唐書』の伝は、「表」では、「序」の作者を「司封員外郎李華」としるしています。なお李良の粛宗の上元年間（七六〇〜七六二）李華が司封員外郎として朝廷に召されたが就任しなかったと述べています。

「表」を書いた李良については、饒州刺史の任にあったこと以外はわかっていません。

二　『蒙求』とその特徴について

『蒙求』は四字句の韻文で、五百九十六句から成っています。偶数句の末尾の字で韻を踏み、八句四韻で韻が変わります。ただし、締めくくりの部分だけは四句二韻です。

最初の十六句をあげると、

王戎簡要　裴楷清通○
孔明臥竜　呂望非熊○
楊震関西　丁寛易東○
謝安高潔　王導公忠○
匡衡鑿壁　孫敬閉戸△
郅都蒼鷹　甯成乳虎△

周嵩狼抗　梁冀跋扈△
郗超髯参　王珣短簿△

○印と△印をつけた文字が脚韻を踏んだ字です。使用される韻は、隋《ずい》の陸法言《りくほうげん》が六〇一年に著した音韻の書物『切韻《せついん》』によるとされます。『切韻』はそれまでの韻書を集大成したものですが、現在は完全な形では残っていません。唐の孫愐《そんめん》が『切韻』を改訂して『唐韻《とういん》』を作り、さらに北宋《ほくそう》の陳彭年《ちんほうねん》が『唐韻』を増訂して『広韻《こういん》』を著しましたが、今は『広韻』によって考えたいと思います。

例にあげた十六句の最初の八句では、偶数句末尾の「通《とう》」「熊《ゆう》」「東《とう》」「忠《ちゅう》」が韻字で、『広韻』の上平声第一の東韻に属します。第三句末尾の「竜《りょう》」も東韻と近似の韻ではありますが、上平声第二の冬韻に属し、東韻と冬韻は通押しません。したがって韻字にはならないのです。後の八句では、偶数句末尾の「戸《こ》」「虎《こ》」「扈《こ》」「簿《ぼ》」が韻字で、『広韻』の上声第十の姥《ぼ》韻に属します。以下も同様です。このように『切韻』によりつつ脚韻を踏む四言の作品であるため、『全唐詩』では詩として掲載したのです。

『蒙求』は、このように四字句の韻文（あるいは四言詩）としてできあがっているのですが、奇数句と偶数句を一組とし、何らかの意味で共通性をもった話を取り上げ、しかも対句として表現するという工夫をこらしています。

先にあげた例でみると、第一句「王戎簡要」と第二句「裴楷清通」は、共に鍾会《しょうかい》のことばをそのままとったものです。三国時代の魏《ぎ》の末期、実力者の司馬昭（晋初代の皇帝武帝司馬炎の父）が、官吏選抜を担当する吏部郎が欠員となった時、だれが適任かを鍾会に尋ねました。鍾会は「裴楷清通、王戎簡要、皆其選也。」（裴楷《はいかい》は清通《せいつう》、王戎《おうじゅう》は簡要《かんよう》、皆《みな》其《そ》の選《せん》なり。）と答えたといいます。清通・簡要はともに二人の長所をいう語で、清通は清潔であるがよく世間の事情に通じていることをいい、簡要は簡略ではあるがよく物事の要点をつかんでいることをいいます。どちらも適任であるというのです。『蒙求』では、韻を踏むために、二人の順序を逆にしました。二句が対《つい》をなしていることは容易に見てとれるでしょう。

第三句「孔明臥竜」と第四句「呂望非熊」は、帝王の補佐となった二人の人物が起用される前の話です。孔明は、三国時代蜀《しょく》の丞相《じょうしょう》となる諸葛亮《しょかつりょう》、字《あざな》は孔明《こうめい》のこと。識者によって「臥竜」と評されていました。その草庵を、のちに蜀の皇帝となる劉備《りゅうび》が三度にわたって訪れ、臣下とすることに成功した話は、『三国志演義』などで有名ですね。

呂望は周の文王を補佐した呂尚《りょしょう》のこと。文王の父の太公が待望していた人物というので、太公望と称されます。ある時、文王は狩りに出かける前に獲物について占うと、「所レ獲非レ竜非レ螭、非レ熊非レ羆。所レ獲覇王之輔。」（獲《う》る所《ところ》は竜《りゅう》に非《あら》ず螭《ち》に非《あら》ず、熊《くま》に非《あら》ず羆《ひぐま》に非《あら》ず。獲《う》る所《ところ》は覇《は》王《おう》の輔《ほ》なり。）という判断を得ました。獲物は竜でもなく螭（竜の一種）でもなく、熊でも羆でもない、獲物は覇者王者の補佐である、というのです。その占いのとおりに、渭《い》水《すい》のほとりで釣りをしていた太公望を見いだし、起用しました。民間の優れた人材を見いだし王者の補佐とするということで、二つの話は共通性をもちます。臥竜と非熊は、厳密にいうと対ではありません。臥と非の文法的はたらきが異なります。しかし、竜と熊と、動物を比喩《ひゆ》として用いており、対に準ずる表現といっていいでしょう。以下も同様です。

中国最古の歌謡集である『詩経《しきょう》』の詩のほとんどが四言を基調としていることからもわかるように、四言の韻文という形式はもっとも素朴で自然なリズムであり、調子がよく、朗誦するのに適しています。子どもたちが念仏でも唱えるように朗誦し記憶するのは、五百九十六句という長篇であることを考慮しても、可能であったにちがいありません。複数の子どもに覚えさせて競争心をあおり、さらに時々試験でもすれば、いっそう熱心に覚えたでしょう。しかも全部覚えなければ無意味というものではないのが良いところです。子どもに歴史上の故事を記憶させるために、四言の韻文を作成し、それを暗記させた作者の意図はうなずけますね。

ただ、四言は調子はよくても、五言・七言などに比べて字数が少なく、わずか四つの文字で一つの故事を示そうとすれば、どうしても象徴的な表現をとらざるを得ません。しかも、四字のうち上の二字は人の呼称であり、その呼称と結びつく話は残りの二字で示さなければなりません。したがって、話を知っている者であってはじめて意味をもつことばとなり、この韻文は話を思い出すきっかけ、ヒントを与えるにすぎないことになります。何も知らない子どもにとっては、暗記した句を、音の羅列としてしか受け取れなかったでしょう。詳しい話の説明をうけなければ、音と漢字が結びつき、さらに話が思い浮かぶまでには至りません。そこで当然のことながら、故事を正確にしるした注釈が必要となります。教える大人のうろ覚えの知識による説明では不十分であり、その話の出典を明示し、それに基づく誤りのない知識を与える必要があるからです。すなわち、この韻文にはきっちりとした注釈文が不可欠であり、注釈があってはじめて故事集としての韻文も生きることになるのです。

『蒙求』というと、四字句の韻文としてよりも、付された注釈が意識にのぼるのは、この意味で当然ともいえます。特に訓読を主体とする日本においては、韻文としてのはたらき、四字句の調子のよさを十分感じ取れないので、もっぱら注釈のほうを読むことになります。高校の教科書などで、『蒙求』の名のもとに四字句の韻文ではなしに注釈がのせられているのはそのためです。ただし、厳格には正しいとは言えません。注釈が不可欠なものとすれば、注釈のよしあしは大きな問題ですが、それは後回しにして、まず『蒙求』の名を冠せられた韻文について考えてみましょう。

三　故事集としての『蒙求』の問題点

『蒙求』は子どもたちに歴史の故事を記憶させる目的で作られた四言の韻文だったということは述べました。したがって、選択され記載された故事の妥当性が問題となり、脱落している重要な話のないことが要求されます。さらには、採択された話をどのように配列するかも、よりよく記憶するためには当然考慮されねばならないでしょう。時代の順序によるにしろ、話の内容による類別にしろ、一貫した方針が必要であり、方針がなければ混乱をまねく恐れがあるからです。

上の事柄について、宋の陳振孫《ちんしんそん》は『直斎書録解題《ちょくさいしょろくかいだい》』で次のように述べています。

蒙求三巻《もうぎゅうさんかん》。唐《とう》、李翰《りかん》撰《せん》。本《もと》義《ぎ》例《れい》無《な》し。手《て》に信《まか》せ意《い》を肆《ほしい》ままにし、雑襲《ざつしゅう》して章《しょう》を成《な》す。其《そ》の韻語《いんご》にして、訓誦《くんしょう》し易《やす》きを取《と》るのみ。遂《つい》に世《よ》を挙《あ》げて之《これ》を誦《しょう》し、以《もっ》て小学《しょうがく》発蒙《はつもう》の首《しゅ》と為《な》すに至《いた》る。事甚《ことはなは》だ暁《さと》る可《べ》からざる者有《ものあ》り。余《わ》が家《いえ》の諸子《しょし》褓《ほ》に在《あ》るも、未《いま》だ嘗《かつ》て此《こ》れを誦《しょう》せしめざるなり。

（蒙求三巻。唐の李翰の著。本来、方針・規則は存在しない。手当たりしだい思いつくままに寄せ集めて一篇に作りあげたのである。韻文であって教えやすく暗誦しやすい点を取り柄とするだけである。かくて世間こぞってこの文を暗誦し、初学者手引きの最初の教科書とするに至ったが、全く理解できない状況である。私の家の子どもたちは幼い時でも、この文を暗誦させたことは一度もない。）

『直斎書録解題』は時々思いきった意見を述べていますが、それにしても手きびしい批判ですね。内容に対する十分な吟味をなさずに、ただ暗誦しやすく便利であるというので利用している世間の風潮に対する反発が、批判をよりきびしくしている面もあるでしょう。とくに、児童に最初に教えるものとなれば、なおさら慎重さを必要とします。この陳振孫の解題ははたして当たっているのでしょうか。『蒙求』を読んでまずうける印象は、残念ながら支離滅裂ということです。採録された故事がなぜ選ばれているのかよく理解できないうえに、その並べ方に方針がありません。作者は整然たる四字句の韻文を全部対によって仕立てあげることに精力の大半をついやしたのではないかと思われます。これだけの長い韻文を作れる能力と博識ぶりを示すことに主眼がおかれ、故事の選択と配列については万全ではなかった、と言ってよいでしょう。

記載された故事の時代を調べてみると、前漢・後漢・魏晋が圧倒的に多く、しかも魏晋の話が全体の三分の一以上を占め、それ以後となると十あまりにすぎません。魏晋に連なる後漢の末期と、陶淵明《とうえんめい》などの晋から宋へ移る時期の人物をふくめると、その数はさらに多くなります。作者李瀚の生きた時代からいって、この現象は不可解と言わざるを得ません。作者の時代は唐朝成立後すでに百数十年を経過しており、南北朝時代の話も熟したものとして意識にのぼっているはずであり、唐詩にも典拠となる故事として用いられているのです。

同じ人間の話が何度も取り上げられているのも、気になります。例えば、諸葛孔明の話、陶淵明の話、晋の恵帝および賈后《かこう》にまつわる話などです。一人に一つずつ代表的な話を取り上げ、なるだけ多くの人物をのせる、一人の人物について有名なエピソードがいくつかあれば一つの故事のなかで関連して教える、といった配慮のほうがよさそうなものですが、そうはなっていません。しかも、そのおかれている場所もはなれているうえ、選ばれた話と捨てられた話に少なくとも内容のうえでの必然性はありません。諸葛孔明は三度現れますが、「孔明臥竜」「諸葛顧廬」「亮遺巾幗」で、臥竜と顧廬はいわば重複する話といってよく、しかも他の、例えば「泣いて馬謖《ばしょく》を斬る」などの話はのせられていないのです。

このように同一人物の話が何度も採られているということは、当然無視された人物の話がより多くなる結果を招きます。例えば、後漢の班超《はんちょう》の有名な「虎穴に入らずんば虎子を得ず」といった故事は採られていません。

同種の話があちらこちらに散在していることも気になります。例えば、孝子の話、潔癖な人物の話、残虐な官吏の話など、一か所にまとまっていたほうが、記憶に便利ですよね。

以上のような種々の問題点が生じたのは、二つで対になっているものと脚韻に気を遣いながら四字句で一つの話を示すという、形式上の要求が優先したことによると思われます。いかに取り上げるべき話だと思っても、うまく形式にあてはめられなかったなら、割愛せざるを得ません。そして、その代わりとして、不適当だと思う話も目をつぶって入れることになります。

対偶表現による四字句の韻文という配慮が先に立ったとしたならば、『蒙求』の評価は、その目新しい発想と、長篇の韻文を作ったという点に限るべきかもしれません。作者の意図がどうあれ、故事集としては欠陥が目立ちます。内容の面から評価を下せば、陳振孫の言うように、「本《もと》義例無し。手に信《まか》せ意を肆《ほしい》ままにし、雑襲して章を成す。」ということになるでしょうか……。

四　徐子光の補注について

李瀚の『蒙求』は、子どもに故事を教えるものですが、この作品だけでは何のことかわかりません。四字句の韻文は故事を知っている者であってはじめて理解できるものだからです。したがって原典に基づく正確な注を必要とします。李瀚は『蒙求』を作ると同時に、自注をつけたようですが、その出来がよくなかったためか、あるいは注を別のものとして韻文だけを切りはなして伝えようとしたためか、完全な形では残っていません。現在の注で「旧注」の名で引いているのが自らつけた注のようです。

現在の『蒙求』に付されている注は、宋の徐子光という人がつけたものです。陳振孫の『直斎書録解題』に「補注蒙求八巻、徐子光撰。李翰の蒙求の句を以て之《これ》が注を為す。本句の外、兼ねて其《そ》の人の他事に及ぶ。」と述べています。徐子光についてはよくわからないのですが、陳振孫の記事からみて、宋の人と思われます。その『補注』の序が、李良の上表、李華の序の後に付されていますが、履歴などを示す語は一切ありません。ただ末尾に「己酉仲冬之月辛卯吉日、徐子光序」とるしていて、『補注』の書かれた時代はある程度類推できます。すなわち、陳振孫は南宋理宗に仕えて官職についており、それ以前の書物でなければならないからです。仲冬は旧暦十一月、十一月に辛卯の日がある己酉の年に序が書かれており、その条件にあう年は、陳垣の『二十史朔閏表』によれば、北宋神宗の熙寧二年（一〇六九）十一月二十八日か、南宋理宗の淳祐九年（一二四九）十一月二十四日となります。理宗の時代はあまりにも近すぎるうえに、陳振孫の死後の可能性もあります。とすれば、神宗の時代に序が書かれ、それより前に『補注』は完成していたと考えるのが妥当ということになるでしょう。

徐子光という人物が、記録に残されておらず、その時代すら序にしるされた年月日をもとに類推できるだけということは、官職のうえでも学問のうえでも、一流ではなかった事実を示すものです。したがって、その『補注』にも問題点が多いようです。『蒙求』の『補注』を読んだ人は、だれもがきわめてわかりにくかったという印象を述べています。読みにくいのです。そこで引かれている書物の原文を参照してみると、何だそんなことだったのか、と疑問が氷解します。引用の仕方が悪いために、必然的に難解になるのです。引用の不適切さには二種類あります。書物を引用する場合、全文引き写すわけにいかないので、当然省略が必要となります。したがって引用の不適切さとは、省略の不適切さということになります。省略すべきでないことを省略することと、省略すべきことを省略しないという二種類の不適切さなのです。

引用文のなかによく「後に」とか「復《ふたた》び」といった前をうける語が出てきますが、前の部分が略されているために、何のことかわからなくなっている場合も多いのです。これらの語をも略すか、もしくは前の部分を残しておくかしなければならないのですが、配慮が足りないというほかありません。

これらの現象がどうして起こっているのかと考えると、序文における大上段にふりかぶった自らの発言にもかかわらず、仕事が粗雑であったのか、もしくはそれだけの力がなかったのかということになるでしょう。おそらくは後者かと思います。少なくとも徐子光は『蒙求』にしるされている話が何にのっているかを探す点では、注者としての仕事を十分果たしていると言ってよいでしょう。ただそれを引用する段になって、不適切さがめだつことになるのです。それがわかりにくいという印象となって現れるのです。

五　後世への影響

『蒙求』の欠点ばかりをあげてきましたが、その特徴は、故事を四字句の韻文に仕立てあげたという点にあり、その発想はなかなか魅力的で、同じような作品を作ってみたいという欲求を起こさせるものがありました。宋代に編纂《へんさん》された書目には、明らかに『蒙求』のまねをして作ったとわかる作品が何種類かのせられています。

晁公武の『郡斎読書志』には李瀚の『蒙求三巻』の後に、

『魯史分門属類』三巻
『左氏蒙求』三巻
『左氏綱領』四巻

『仙苑編珠《へんしゅ》』二巻
『国史対韻』一二巻
『孝悌類鑑』七巻
『両漢蒙求』五巻、『唐史属辞』五巻、『南北史蒙求』一〇巻
がしるされ、書名に蒙求の二字が付くかどうかは別として、『蒙求』に倣《なら》って作られた韻文の故事集であることが説明されています。
『直斎書録解題』では、
『本朝蒙求』三巻
『十七史蒙求』一巻
『両漢蒙求』一〇巻
『班左誨《かい》蒙《もう》』三巻
『晋史属辞』三巻
『趙氏家塾蒙求』一五巻、『宗室蒙求』三巻
がしるされています。
これらの書物は、実際に見ることが出来ない以上、詳しいことはわかりませんが、時

代を限定したり、史書を限定したり、取り上げる話を限定したりしながら、李瀚の『蒙求』のスタイルによって子どもの教育書を作った点は共通しています。ただ、そのほとんどが作者不明で、なかには営利出版として適当に作られたものもあるかもしれず、その出来はもう一つであったようです。

『宋史』芸文志から拾うと、

丘延翰『唐蒙求』三巻　　范鎮『本朝蒙求』二巻
雷寿之『漢臣蒙求』二〇巻　　劉珏《りゅうかく》『両漢蒙求』一〇巻
李伉『系蒙求』一〇巻　　呉逢道『六言蒙求』六巻
王殷範『続蒙求』三巻　　葉《しょう》才老『和李翰蒙求』三巻
『王先生十七史蒙求』一六巻　　程俱《ていぐ》『班左誨蒙』三巻
鄭氏『歴代蒙求』一巻　　柳正夫『西漢蒙求』一巻
邵笥《しょうし》『賡《こう》韻孝悌蒙求』二巻　　胡宏『叙古蒙求』一巻

が記載されています。右の諸本は、蒙求あるいはそれに類した語が書名に付いているものをあげたのですが、すべてが李瀚の書と同じスタイルをとっているかどうかはわかりません。また、書名に蒙求が付かなくても、同種の書はあるようです。いずれにしても、李瀚の書の影響を示す現象にちがいありません。特に『和李翰蒙求』は、李瀚の韻に和して作ったもので、直接に李瀚の作品を意識し同じ韻字を使っており、その影響の強さを示しています。

これらの書物と別に、

徐子光『補注蒙求』四巻、『又補注蒙求』八巻

がしるされています。これをみると、徐子光に二種の補注があったようで、現存の書が四巻本か八巻本かはっきりしません。ちなみに『直斎書録解題』には「補注蒙求八巻、徐子光撰」とあり、八巻本のほうを記載しています。

『補注』が書かれ、大量の類似の書が作られた宋代だけをみると、李瀚の書の影響はきわめて大きいように思われますが、以後、正史の芸文志類からは、この種の書物は消え去ります。ただ注目すべきは、清代に作られた『四庫全書総目』に、元の胡炳文《こへいぶん》撰の『純正蒙求』三巻がのせられていることです。『提要』では、李瀚以下の諸本にのる話が、必ずしもすべて教育的であるとは限らないために、「古《いにしえ》の嘉言善行」を集め、四字の対句による韻文に仕立てあげていることを述べています。単に暗誦《あんしょう》しやすいというだけでなしに、その内容にも教育的配慮を行ったものです。また『総目』には、宋の徐伯益撰

の『訓女蒙求』一巻もしるされていて、女性向けの書物として女性の話を集めたものが存在したことが知られます。『提要』は、だれでもが知っている話ばかりで、取り上げる価値がないと酷評されていますが、基本的な話を覚えさせるためとすれば、それなりの価値をもつとも言えるでしょう。

右の『四庫全書総目』にしるされている書物も、宋・元がほとんどで、それ以後の作品は少ないようです。子どもに教えるための道具としてあまり用いられなくなったことを示すのでしょう。新しい作品が作られなくなっただけでなく、以前に作られた作品も顧みられなくなります。現存の書物は、

唐・李瀚『蒙求』三巻、徐子光補注

宋・王逢原『十七史蒙求』一六巻

宋・徐伯益『訓女蒙求』一巻

元・呉化竜『左氏蒙求』三巻

元・胡炳文『純正蒙求』三巻

清・羅沢南『養正蒙求』

などです。

なお、清の陸以湉《りくいかつ》の随筆集『冷廬雑識』巻五には、蒙求の題の下に、上にあげた書物以外のものをもあげています。

このように多くの類似の書が作られたことは、子どもたちに暗記させ故事を覚えさせる手段として、捨てがたい魅力を感じたからにちがいありません。ただ、何を取り上げ何を捨てるかという選択だけではなく、韻文に合うか合わないかという別の考慮をなさざるを得ず、しるした故事の妥当性がつねに問われることになったのです。見識をもった人たちにとっては、あきたらないものとならざるを得ませんでした。結局、類似の書が多く作られただけで、教育的機能としては、一般性をもち得なかったようです。しかも、この種の作品は、一流の文学者・知識人によっては、ついに制作されなかったのです。

児童に対する故事教育のための書物として、『蒙求』は、中国の文化史あるいは教育史のなかで、ある程度の価値をもつものですが、何人かの好事家に類似の書物を作らせただけで、大きな影響は与えなかったと思われます。その理由のひとつは、すべてが原典のある話で、何もこのような不完全な書物に頼る必要がなかったことにあるでしょう。しかし、外国人である日本人にとっては事情が異なります。手っ取り早く色々な故事を知ることのできる書物として読まれ、特に韻文よりも注釈のほうが読まれることになったのです。

平安時代には古注本が、鎌倉時代には補注本が伝わったといわれ、「勧学院の雀は蒙求を囀《さえず》る」というほどはやったそうです。勧学院は八二一年、藤原冬嗣が一門の子弟の教育のために建てた学校で、このことわざは「門前の小僧習わぬ経を読む」と同じ意味に使われ、藤原氏の子どもたちが大声をはりあげて四字の句を暗誦している姿が眼に浮かぶようです。江戸時代に入って数多くの刊本が出版されるようになり、明治期までつづきます。そこにふくまれる話が人々の共通の知識となったことは「蛍雪の功」が『蒙求』によることからみても、容易に理解できるでしょう。

なお日本で刊行された書には、李瀚の『蒙求』だけではなく、明の李廷機編の『新蒙求』、宋の王令撰の『十七史蒙求』、元の胡炳文撰の『純正蒙求』、元の呉化竜の『左氏蒙求』があり、特に『純正蒙求』は数種の刊本があり、注も書かれ、かなり読まれたようです。

[二] 鷹《たか》のように残酷《ざんこく》な郅都《しつと》、子持《こも》ち虎《とら》より恐《おそ》ろしい甯成《ねいせい》

前漢《ぜんかん》（書《じょ》）。郅都《しつと》、河東大陽《かとうたいよう》の人《ひと》なり。景帝《けいてい》の時《とき》、中郎将《ちゅうろうしょう》と為《な》り、敢《あえ》て直諫《ちょくかん》し、大臣《だいじん》を朝《ちょう》に面折《めんせつ》す。中尉《ちゅうい》に遷《うつ》る。是《こ》の時民樸《ときたみぼく》にして、罪《つみ》を畏《おそ》れ自重《じちょう》す。而《しか》るに都《と》独《ひと》り厳酷《げんこく》を先《さき》にし、行法《こうほう》を致《いた》し、貴戚《きせき》を避《さ》けず。列侯宗室《れっこうそうしつ》都《と》に見《あ》えば、皆目《みなめ》を側《そば》てて視《み》、号《ごう》して蒼鷹《そうよう》と曰《い》う。鴈門《がんもん》の太守《たいしゅ》に拝《はい》す。匈奴素《きょうどもと》より都《と》の節《せつ》を聞《き》き、辺《へん》を挙《あ》げて為《ため》に引《ひ》き去《さ》り、都《と》の死《し》に竟《いた》るまで、鴈門《がんもん》に近《ちか》づかず。匈奴《きょうど》、偶人《ぐうじん》を為《つく》り都《と》に象《かたど》り、騎《き》をして馳射《ちしゃ》せしむるも能《よ》く中《あた》る莫《な》きに至《いた》る。其《そ》の憚《はばか》らるること此《か》くの如《ごと》し。匈奴之《きょうどこれ》を患《うれ》う。竇太后乃《とうたいこうすなわ》ち都《と》に中《あ》てるに漢法《かんぽう》を以《もっ》てし、卒《つい》に之《これ》を斬《き》る。

『前漢（書）』。郅都は河東郡大陽県の人である。景帝の時代（前一五六—前一四

一）、中郎将（宮中護衛の官）となったが、思い切って天子に直諌《ちょっかん》（遠慮なくいさめる）したり、面と向かって大臣を朝廷で非難したりした。中尉（警視総監）に昇進した。この時代、人民は質朴《しつぼく》で、罪を恐れて慎重にふるまった。ところが郅都だけはきびしさ、残酷さを優先し、法の執行を旨とし、皇族外戚《がいせき》にも遠慮しなかった。列侯・皇室も郅都に出会うと、皆正視し得ず、蒼鷹《そうよう》（猛禽の一種）と称した。鴈門《がんもん》の太守（長官）に任命された。匈奴《きょうど》（北方の遊牧民族）はかねてから郅都のやり方を聞いていたので、国境地帯からすっかり引き払ってしまい、郅都が死ぬまで鴈門に近寄らなかった。匈奴では、郅都に似せて人形を作り騎兵に騎射させても、命中させる者がいないほどで、それほどはばかられた。匈奴はそれに悩んだ。竇《とう》太后（景帝の母）はそこで郅都に漢の法律を適用し、結局彼を斬った。

前漢《ぜんかん》（書《じょ》）。甯成《ねいせい》、南陽穣《なんようじょう》の人《ひと》なり。郎謁者《ろうえつしゃ》を以《もっ》て景帝《けいてい》に事《つか》う。気《き》を好《この》み、小吏《しょうり》と為《な》れば、必《かなら》ず其《そ》の長吏《ちょうり》を陵《しの》ぎ、人《ひと》の上《うえ》と為《な》れば、下《した》を操《あやつ》ること急《きゅう》にして湿薪《しつしん》を束《たば》ぬるが如《ごと》し。中尉《ちゆうい》と為《な》る。其《そ》の治《ち》は郅都《しつと》に効《なら》うも、其《そ》の廉《れん》は如《し》かず。武帝《ぶてい》位《くらい》に即《つ》き、徙《うつ》して内史《ないし》と為《な》す。外戚多《がいせきおお》く其《そ》の短《たん》を毀《そし》り罪《つみ》に抵《あた》る。後《のち》上以《しょうもつ》て郡守《ぐんしゅ》と為《な》さんと欲《ほっ》す。公孫弘曰《こうそんこういわ》く、「臣小吏為《しんしょうりた》りし時《とき》、成済南《せいせいなん》の都尉《とい》為《た》り。其《そ》の治《ち》狼《おおかみ》の羊《ひつじ》を牧《ぼく》するが如《ごと》し。民《たみ》を治《おさ》めしむる可《べ》からず。」上乃《しょうすなわ》ち拝《はい》して関都尉《かんとい》と為《な》す。歳余《さいよ》、関東《かんとう》の吏《り》の郡国《ぐんこく》に隷《れい》して関《かん》に出入《しゅつにゅう》する者《もの》、号《ごう》して曰《いわ》く、「寧《むし》ろ乳虎《にゅうこ》に見《あ》うも、甯成《ねいせい》の怒《いか》りに値《あ》うこと無《な》かれ。」其《そ》の暴《ぼう》か此《か》くの如《ごと》し。

『前漢（書）』。甯成は南陽郡穣県の人である。郎謁者（宮中の取り次ぎ役）として景帝に仕えた。向こう意気が強く、下役の時は必ず上役をしのごうとし、人の上に立てば、下の者をあつかうことはきびしく、あたかも湿った薪《まき》を束ねるようだった。中尉となった。そのやり方については郅都にならったが、潔癖さではおよばなかった。武帝が即位（前一四〇）すると、内史（首都の長官）に移った。外戚には彼の落ち度を非難する者が多くあり、罪に該当した。のちに帝は彼を郡の太守にしようとしたが、公孫弘が「臣《わたくし》が下役人であった時分、甯成は済南の都尉（警察長官）でしたが、その仕事ぶりは狼が羊を飼っているようでして、民を治めさせるわけにはまいりません。」と言った。帝はそこで関都尉（函谷関《かんこくかん》の長官）に任命した。一年余りすると、郡国に属しており函谷関を出入りする関東の役人たちは、「子持ちの虎に出会っても、甯成の怒りにあうでないぞ。」と称していた。彼の乱暴さはそれほどであった。

❖❖❖❖

残酷を売りものにした官吏

景帝・武帝の時代に人民を苦しめる無慈悲な酷吏が登場するのは、皇帝の権力を強め、国家体制を整備しようとする施策と表裏をなしています。国外においては、漢代の初めより北方遊牧民族の強い圧力があり、国内においては、ようやく皇帝との間が疎遠となってきた劉氏《りゅうし》一族の諸王が、広大な領地と経済力に物を言わせて中央の統制に従わない状況が起り、民間の豪族や金持ちの横暴ぶりもめだってきていました。戦国以来つづいていた混乱に終止符を打った漢王朝がとった当初の政策は、民の休養策であり、種々の権益を保障することによって国家の基礎を固めることでした。しかし国家成立後数十年を経過すると、皇帝への忠誠心が薄れ、求心力が失われ、崩壊の危険性をはらんできました。そのことを劇的に示したのが、景帝の時代に起こった南方の呉・楚《そ》を中心とする七か国の反乱です。このような危機に直面して、皇帝の意志に従い、法律を厳格に適用する新官僚群が起用され、今までのように、統治者の自由裁量が幅をきかす時代は過去のものとなります。新しい官僚を代表するのが文中に出てくる公孫弘であり、郅都・甯成ら酷吏でした。酷吏が景帝以後に輩出するのはそのためです。彼らは皇帝の意向に添って行動し、その結果出世しますが、旧勢力の反発は当然のことながら彼らに集中します。皇族・外戚たちを同じ法律の下に容赦なく取り締まるのはきわめて危険でした。特に皇帝の母・祖母、すなわち皇太后が存命中の場合、皇族・外戚の強い後ろだてとなり、皇帝といえども無視できません。また他の官僚や民衆の反感があまりにも強かった場合、皇帝の庇護《ひご》には限度があります。彼らを犠牲にしても、同じような人材はいくらでもいます。酷吏のほとんどが、死刑に処せられたり、自殺を余儀なくされたりしたのも当然でした。皇帝の意向がわかれば、それに従って出世し、権力をふるおうとする人間は不足しません。しかも匈奴討伐、大土木事業、宮中のぜいたくなどで財政が逼迫《ひっぱく》すれば、彼らの存在はますます必要となります。そして酷吏の質はますます低下します。最初は法律の厳格な運用、すべての人間への平等な運用を行い、汚職には関係のなかった酷吏も、時代が下るにつれて、ただ残虐さだけを売り物に、力のある者は大目に見たり、賄《わい》賂《ろ》を取ったりと、始末におえない人物が普通となっていきます。郅都・甯成はまだましなほうの酷吏でした。

また、徐子光の引用は、省略が不適切で理解しにくい場合がよくあり、郅都の最後の個所にも省略があります。以前、太后の孫、景帝の子の臨江王劉栄《りゅうえい》が、文帝の廟《びょう》の敷地に自分の廟を立て、景帝に召し出され、郅都の取り調べをうけ自殺したことがありました。それに腹を立てていた竇《とう》太后は、匈奴のはたらきかけもあり、景帝に郅都の処刑を要求したのです。

◆郅都蒼鷹、甯成乳虎

前漢。郅都、河東大陽人。景帝時、為二中郎将一、敢直諫、面二折大臣於朝一。遷二中尉一。是時民樸、畏レ罪自重。而都独先二厳酷一、致二行法一、不レ避二貴戚一。列侯宗室見レ都、皆側レ目而視、号曰二蒼鷹一。拝二鴈門太守一。匈奴素聞二都節一、挙レ辺為引去、竟二都死一、不レ近二鴈門一。匈奴至下為二偶人一象レ都、令二騎馳射一莫中能中上。其見レ憚如レ此。匈奴患レ之。

竇太后乃中レ都以二漢法一、卒斬レ之。

前漢。甯成、南陽穣人。以二郎謁者一事二景帝一。好レ気、為二小吏一、必陵二其長吏一。為二人上一、操レ下急如レ束二湿薪一。為二中尉一。其治効二郅都一、其廉弗レ如。武帝即レ位、徙為二内史一。外戚多毀二其短一抵レ罪。後上欲三以為二郡守一。公孫弘曰、「臣為二小吏一時、成為二済南都尉一。其治如三狼牧一レ羊。不レ可レ使レ治レ民。」上乃拝為二関都尉一。歳余、関東吏隷二郡国一出二入関一者、号曰、「寧見二乳虎一、無レ値二甯成之怒一。」其暴如レ此。

◆中国の歴史書

古来、中国では多くの歴史書が書かれた。現在に残る個人の著作、公的な刊行物は数多い。それは歴史上の事物、過去の経験が、政策や個人の生き方に役立つと考えたからである。事実を重んずる態度は、フィクションの発達を遅らせる。六朝《りくちょう》の志怪小説・唐の伝奇小説は明らかに虚構であるのに、時・所・人物を明記し事実譚《たん》のような書き方をする。

歴史書にはいろいろな形がある。事件を年代を追って描いたり、人物だけを取りあげたり、制度・経済・祭祀《さいし》・地理といった個別の問題を扱ったり、随筆風に種々の事柄を思いつくままに記したり、と数も種類も多い。

その中で特に重要なのは「正史」といわれる「紀伝体」の書物である。『史記』の作者司馬遷《しばせん》によって創始された形式で、司馬遷は古代から彼の生きた時代までを対象としたが、班固《はんこ》の『漢書』以後、各王朝あるいは『南史』『北史』のように南北朝という一つの時代に限定されて書かれるようになる。

「紀伝体」とは、支配者の事績を年代を追って記す「紀」、事件をグラフによって表す「表」、個別の問題を記す「書」(のちに「志」と改称)、春秋・戦国時代のように分裂した時代の地方諸侯の動きを記す「世家《せいか》」、歴史に活躍する個人と周辺民族を記した「伝」の五部から成る。この形式は後の時代の歴史書によって受け継がれるが、すべてそろっているわけではなく、『三国志』のように「紀」と「伝」しかないものもある。しかし「紀」と「伝」は必ずあることから「紀伝体」と称される。司馬遷はこれによって歴史を総合的に捉《とら》えようとしたのであり、後の人たちもそのことを高く評価した結果、中国特有の形式として引き継がれたのである。

[二] 才気《さいき》と意気込《いきご》みに富《と》む挨拶《あいさつ》をする陸雲《りくうん》と荀隠《じゅんいん》

晋書《しんじょ》。陸雲字《りくうんあざな》は士竜《しりゅう》。六歳能《ろくさいよ》く文《ぶん》を属《しょく》す。性《せい》は清正《せいせい》にして才理有《さいりあ》り。少《わか》くして兄《あに》の機《き》と名《な》を斉《ひと》しくす。文章機《ぶんしょうき》に及《およ》ばずと雖《いえ》ども、而《しか》るに持論之《じろんこれ》に過《す》ぐ。二陸《にりく》と号《ごう》す。幼《おさな》き時《とき》、呉《ご》の尚書閔鴻《しょうしょびんこう》見《み》て之《これ》を奇《き》として曰《いわ》く、「此《こ》の児《こ》、若《も》し竜駒《りゅうく》に非《あら》ざれば、是《こ》れ鳳雛《ほうすう》なり。」後雲《のちうん》を賢良《けんりょう》に挙《あ》ぐ。呉平《ごたい》らぎ、洛《らく》に入《い》る。雲《うん》、荀隠《じゅんいん》と未《いま》だ相識《あいし》らず。嘗《かつ》て張華《ちょうか》の坐《ざ》に会《かい》す。華曰《かいわ》く、「今日相遇《こんにちあいあ》う。常《じょう》談《だん》を為《な》す勿《な》かる可《べ》し。」雲因《うんよ》りて手《て》を抗《あ》げて曰《いわ》く、「雲間《うんかん》の陸士竜《りくしりゅう》。」隠曰《いんいわ》く、「日下《にっか》の荀鳴鶴《じゅんめいかく》。」鳴鶴《めいかく》は隠《いん》の字也《あざななり》。雲又曰《うんまたいわ》く、「既《すで》に青雲《せいうん》を開《ひら》きて白雉《はくち》を覩《み》る。何《なん》ぞ爾《なんじ》が弓《ゆみ》を張《は》り爾《なんじ》が矢《や》を挟《はさ》まざる。」隠曰《いんいわ》く、「本是《もとこ》れ雲竜騤騤《うんりゅうきき》と謂《おも》えるに、乃《すなわ》ち是《こ》れ山鹿野麋《さんろくやび》なり。獣微《じゅうび》にして弩《ど》強《つよ》し、是《ここ》を以《もっ》て発《はっ》すること遅《おそ》し。」華手《かて》を撫《ぶ》して大笑《たいしょう》す。刺史《しし》周浚《しゅうしゅん》召《め》して従事《じゅうじ》と為《な》し、人《ひと》に謂《い》いて曰《いわ》く、「士竜《しりゅう》は当今《とうこん》の顔子《がんし》也《なり》。」官《かん》、中書侍郎《ちゅうしょじろう》に至《いた》る。機《き》と同《とも》に害《がい》せらる。初《はじ》め雲嘗《うんかつ》て行《い》きて故人《こじん》の家《いえ》に逗宿《とうしゅく》す。夜暗《よるくら》くして路《みち》に迷《まよ》い、従《したが》う所《ところ》を知《し》る莫《な》し。忽《たちま》ち草中《そうちゅう》に火《ひ》有《あ》るを望《のぞ》み之《これ》に趣《おもむ》く。一家《いっか》に至《いた》り寄宿《きしゅく》す。一年少《いちねんしょう》の風姿《ふうし》美《び》なるを見《み》、共《とも》に老子《ろうし》を談《だん》ず。辞致深遠《じちしんえん》なり。暁《あかつき》に向《おい》て辞《じ》し去《さ》り、行《い》くこと十許里《じゅうきょり》、故人《こじん》の家《いえ》に至《いた》る。云《い》う、「此《こ》の数十里《すうじゅうり》の中《うち》、人居無《じんきょな》し。」雲《うん》、意《い》始《はじ》めて悟《さと》る。郤《かえ》って昨宿《さくしゅく》の処《ところ》を尋《たず》ぬるに、乃《すなわ》ち王弼《おうひつ》の冢《ちょう》なり。雲本玄学無《うんもとげんがくな》きも、此《これ》より老《ろう》を談《だん》ずること殊《こと》に進《すす》む。

『晋書』。陸雲は字《あざな》を士竜という。六歳で文章を作ることができた。清潔な人柄で才気があった。若いころから兄の陸機と並んで評判が高かった。文学では陸機におよばなかったが、論議では陸機より上であり、「二陸」と併称された。幼い時、呉の尚書閔鴻《びんこう》は彼を見て評価し、「この子は竜の子でなければ、鳳凰《ほうおう》の雛《ひな》だ。」と言い、のちに陸雲を賢良（官吏推薦の名目の一つ）として推挙した。呉が平定され、洛陽におもむいた。陸雲は荀隠《じゅんいん》と面識がなかったが、ある時、張華の設けた宴席で出会った。張華が「今日出会ったからには、ありきたりのことばを使わないようにせよ。」と言うと、陸雲は手をあげて言った。「陸雲の間の陸士竜です。」荀隠は応じる、「日の下の荀鳴鶴です。」鳴鶴とは荀隠の字《あざな》である。陸雲はまた、「すでに青い陸雲を開いて白雉《はくち》を目にしたのに、どうしてあなたの弓を張りあなたの矢をつがえないのです。」と言うと、荀隠は「もともと陸雲の中の竜が威勢よく駆けるのだと思ってましたが、なんと山の鹿、野の麋《おおじか》とは。獣が弱いのに弓は強い、だから放つのが遅れたのです。」と言った。張華は手をたたいて大笑いした。刺史の周浚は召し出して従事としたが、人に向かって「士竜は現在の顔回だ。」と言った。中書侍郎まで官位が昇ったが、陸機とともに殺された。その昔、陸雲は旅行に出て友人の家に宿をとろうとしたことがあった。まっ暗な夜、道に迷ってどちらへ行ってよいかわからない。ふと見ると草原のなかに火が見えたので、そちらに向かい、一軒の家にたどり着いて宿をたのんだ。一人の容姿の美しい若い男と会い、『老子』について談じ合ったが、その男のことばは深遠であった。夜が明けていとまを告げ、十里ばかり行って、友人の家に着いたが、友人は「このあたり数十里のなかには人家はありません。」と言う。陸雲は心中はじめて気がついた。引き返して昨晩宿をとった所を探し求めると、なんと王弼《ひつ》の墓であった。陸雲はもともと老荘の学問はなかったが、これ以後老子についての議論がひじょうに進歩した。

❖❖❖❖

初対面のあいさつ

後漢時代より、地方の豪族の発言力がひじょうに強くなります。黄巾《こうきん》の乱（後漢末の道教組織の反乱）を始めとする末期の混乱を収束し、安定した社会を作りあげようとしたのは、これら豪族たちでした。もちろん、彼ら同士の争いもあり、能力があり、多くの支持者を集めた人物が、最終的に支配者となるのですが、それに協力した有力士族たちは、自分たちの権益を維持しつづけて貴族化していきます。士族間の交際の場において、人物評価が大きなウエイトを占めるようになり、自己の存在を認めさせることが、重要な関心事となるのです。いかなる点で人物の価値を認めるかが、魏・晋以後六朝の時代においては、他の時代と異なっています。風采・容貌《ようぼう》の美しさ、気のきいたしゃれたことば、そして何よりも重要なのは生まれでした。『世《せ》説新語《せつしんご》』という書物はそのような時代風潮を見事に反映していると言ってよいでしょう。

ここに取り上げられている話、陸雲と荀隠のやりとりは、『世説新語』排調篇にのっているもので、才気あふれる二人の人物のことばと、ことばの裏にある心理とをよく表しており、時代の雰囲気をも伝えていると言ってよいでしょう。『晋書』の文に即してみていくと、まず陸雲の人柄、才能を示し、次に呉の閔鴻のことばがしるされます。閔鴻のことばは具体性に乏しいですが、この時代によくなされた人物評価の例を示しています。よく似た例として、後漢末に龐《ほう》徳公が諸葛亮《りょう》を臥竜《がりょう》、龐統《ほうとう》を鳳雛《ほうすう》、司馬徽《しばき》を水鏡と評したという話が思い出されます。竜駒・鳳雛、いずれも将来の大きな可能性・期待を示すことばです。呉が滅び、陸雲は兄の機とともに晋の都洛陽におもむきます。二十八歳の血気さかんな男がかっての敵国の都へ行く、しかも自分の家は呉の国において最高の家柄です。祖父陸遜は、武将関羽を殺されたため怒り狂って押し寄せた蜀《しょく》帝劉備の軍を撃破した名将であり、父の抗は晋軍と対峙《たいじ》し、敵からも尊敬された将軍です。機と雲の兄弟も、若くして父抗の軍を二分してひきいていたことがありました。不安と自負の念が複雑にからみ合っていたにちがいありません。荀隠と会ったのは、晋朝においてもっとも学識豊かで見識のある張華の座においてでした。「雲間の陸士竜」ということばは、雲《うん》という名と雲《くも》の間という意味と二重に用い、さらに雲間を駆ける竜をイメージさせながら、彼の才気と意気込みをよく示しています。「日下の荀鳴鶴」はそれをうけて、荀の字にある日を用いて、見事に応酬したことばです。次の雲の語は、雉・矢と韻を踏みながら、受け身に回った荀隠に対する挑戦です。荀隠は同じ韻の語、麋と遅を用いながら弁明します。陸機の攻撃をよくしのいだと言ってよいでしょう。張華ならずとも快哉《かいさい》を叫ぶにちがいありません。二人のやりとりは、打てばひびくように、間髪を入れずになされたと思われます。当時の貴族たちが求めていたのも、このような才能でした。

　魏・晋の時代は、一方ではきわめて危険な時代でした。魏の明帝の死後、権力はつねに不安定でした。魏の司馬氏の権力掌握によって、帝王はあってなきがごとき状態でしたし、晋になると、武帝の死後、一族の王たちが帝位をねらって次々と行動を起こします。その中で張華は殺され、陸機・陸雲も殺されます。彼らの才能は非常時の中では通用しなかったのでしょう。

周浚の語も人物評の一種です。「老子」の注釈者王弼の亡霊と会う話は、陸機のエピソードとする伝承もありますが、いずれにしても当時の人士たちの老荘思想への傾斜を示す話題と言ってよいでしょう。

◆鳴鶴日下、士竜雲間

晋書。陸雲字士竜。六歳能属レ文。性清正有二才理一。少与二兄機一斉レ名。雖二文章不一レ及レ機、而持論過レ之。号二二陸一。幼時、呉尚書閔鴻見而奇レ之曰、「此児、若非二竜駒一、是鳳雛。」後挙二雲賢良一。呉平、入レ洛。雲与二荀隠一未二相識一。嘗会二張華坐一。華曰、「今日相遇。可レ勿レ為二常談一。」雲因抗レ手曰、「雲間陸士竜。」隠曰、「日下荀鳴鶴。」鳴鶴隠字也。雲又曰、「既開二青雲一覩二白雉一、何不下張二爾弓一挟中爾矢上。」隠曰、「本謂二是雲竜駿駿一、乃是山鹿野麋。獣微弩強、是以発遅。」華撫レ手大笑。刺史周浚召為二従事一、謂レ人曰、「士竜、当今之顔子也。」官至二中書侍郎一。与レ機同被レ害。初雲嘗行逗二宿故人家一。夜暗迷レ路、莫レ知レ所レ従。忽望二草中有一レ火、趣レ之。至三一家一寄宿。見三一年少美二風姿一、共談二老子一。辞致深遠。向レ暁辞去、行十許里、至二故人家一。云、「此数十里中、無二人居一。」雲意始悟。郤尋二昨宿処一、乃王弼冢。雲本無二玄学一、自レ此談レ老殊進。

［三］親《おや》のため、毛義《もうぎ》は辞令《じれい》を押《お》しいただき、子路《しろ》は米《こめ》を背負《せお》った

後漢《ごかん》（書《じょ》）。毛義《もうぎ》字《あざな》は少節《しょうせつ》、廬江《ろこう》の人《ひと》なり。家貧《いえまず》しく、孝行《こうこう》を以《もっ》て称《しょう》せらる。南陽《なんよう》の張奉《ちょうほう》、其《そ》の名《な》を慕《した》い、往《ゆ》きて之《これ》を候《うかが》う。坐定《ざさだ》まりて府檄《ふげき》適《たまたま》至《いた》り、義《ぎ》を以《もっ》て守令《しゅれい》と為《な》す。義《ぎ》、檄《げき》を奉《ほう》じて入《い》り、喜《よろこ》び顔色《がんしょく》を動《うご》かす。奉《ほう》は志尚《ししょう》の士《し》也《なり》。心之《こころこれ》を賤《いや》しみ、自《みずか》ら来《き》たることを恨《うら》み、固《かた》く辞《じ》して去《さ》る。義《ぎ》の母死《ははし》するに及《およ》び、官《かん》を去《さ》り服《ふく》を行《おこな》う。数《しばしば》公府《こうふ》に辟《め》され、県令《けんれい》と為《な》るも、進退必《しんたいかなら》ず礼《れい》を以《もっ》てす。後《のち》、賢良《けんりょう》に挙《あ》げられ、公車《こうしゃ》に徴《め》さるるも、至《いた》らず。張奉嘆《ちょうほうたん》じて曰《いわ》く、「賢者固《けんじゃまこと》に測《はか》る可《べ》からず。往日《おうじつ》の喜《よろこ》びは、乃《すなわ》ち親《おや》の為《ため》に屈《くつ》す。所謂家貧《いわゆるいえまず》しく親老《おやお》ゆれば、官《かん》を択《えら》ばずして仕《つか》うる者也《ものなり》。」章帝《しょうてい》、詔《みことのり》を下《くだ》し義《ぎ》を褒寵《ほうちょう》し、穀千斛《こくせんごく》を賜《たま》い、常《つね》に八月《はちがつ》を以《もっ》て、長吏起《ちょうりき》居《きょ》を問《と》い、羊酒《ようしゅ》を加賜《かし》す。寿《じゅ》もて家《いえ》

に終《お》わる。

『後漢（書）』。毛義は字《あざな》を少節といい、廬江郡の人である。家は貧しかったが、孝行によって評判がたっていた。南陽の張奉は彼の名声を慕い、わざわざ訪れた。座が定まったあと、郡の役所からの辞令がちょうどとどき、毛義を県令代行に任命した。毛義は辞令を押しいただいて奥へ入って行ったが、喜びの色が顔に出ていた。張奉は志の高い人物だったから、心中それをさげすみ、来たことを後悔し、引き止めるのを振り切っていとまを告げて去った。毛義の母が亡くなると、彼は官をはなれ喪に服した。しばしば郡の役所に召し出され、県令となったが、その進退は必ず礼に従った。のちに賢良（官吏推薦の名目の一つ）として推挙され、公車（官吏候補の出頭する所）に召されたが、応じなかった。張奉は嘆息して言った。「賢者の行為は実際予測できないものだ。先日の喜びは、親のために意志を曲げたのだった。いわゆる家が貧しく親が年老いている時には、官を選ばず仕えるというやつだ。」章帝は詔勅を下して毛義を褒賞し、千石の穀物を賜与し、毎年八月に県の高官にその日常について慰問させ、羊と酒を送らせた。寿命をまっとうし家で亡くなった。

家語《けご》。仲由字《ちゆうゆうあざな》は子路《しろ》。孔子《こうし》に見《まみ》えて曰《いわ》く、「重《おも》きを負《お》い遠《とお》きを渉《わた》れば、地《ち》を択《えら》ばずして休《いこ》う。家貧《いえまず》しく親老《おやお》ゆれば、禄《ろく》を択《えら》ばずして仕《つか》う。昔由《むかしゆう》二親《にしん》に事《つか》うるの時《とき》、常《つね》に藜藿《れいかく》の実《じつ》を食《く》らい、親《おや》の為《ため》に米《こめ》を百里《ひやくり》の外《そと》に負《お》う。親没《おやぼつ》するの後《のち》、南楚《みなみそ》に遊《あそ》び、従車百乗《じゆうしやひやくじよう》、積粟万鍾《せきぞくばんしよう》、茵《しとね》を累《かさ》ねて坐《ざ》し、鼎《かなえ》を列《れつ》して食《く》らう。藜藿《れいかく》を食《く》らい親《おや》の為《ため》に米《こめ》を負《お》わんと願《ねが》い欲《ほっ》するも、得可《うべ》からざる也《なり》。」子曰《しいわ》く、「由《ゆう》や親《おや》に事《つか》うるに、生事《せいじ》は力《ちから》を尽《つ》くし、死事《しじ》は思《おも》いを尽《つ》くす者《もの》と謂《い》う可《べ》き也《なり》。」

『孔子家語』。仲由字は子路は、孔子に会って言った。「重い荷を背負い遠い道を歩いている時は、場所を選ばずに休息し、家が貧しく親が年老いている時は、俸禄を選ばずに仕官します。昔、私は、両親に仕えていたころは、いつもあかざや豆の葉をおかずとしており、親のために百里のかなたから米を背負って来たものです。親が亡くなったのち、南方楚《そ》へと出かけましたが、お供の車は百台、たくわえた穀物は万鍾《しょう》（一鍾は約五十リットル）、敷物を重ねて座り、ごちそうの入った容器を並べて食べました。あかざや豆の葉を食べ、親のために米を背負いたいと願っても、もうどうすることもできません。」孔子は言った。「仲由は親に仕えて、生きている時は力のかぎりを尽くし、死んだ後は思慕の念を尽くしていると言ってよかろう。」

❖❖❖❖

孝養の態度

『蒙求』という書物の性質上、親孝行の話は多いのですが、これもその一つです。毛義の話も子路の話も、親の生きている時は、気の進まない職につき、肉体的なつらさを忍んでも孝を尽くさなければならないという点で、共通しています。そのことを示すことばが「所謂《いわゆる》家貧しく親老ゆれば、官を択《えら》ばずして仕う。」と「重きを負い遠きを渉《わた》れば、地を択ばずして休《いこ》う。家貧しく親老ゆれば、禄を択ばずして仕う。」で他の書物にもほぼ同じ表現で記されており、又、孔子の弟子の曾子についてもいわれていて孝についての基本的な概念を示すものです。

◆毛義奉レ檄、子路負レ米

後漢。毛義字少節、廬江人。家貧、以二孝行一称。南陽張奉、慕二其名一、往候レ之。坐定而府檄適至、以レ義為二守令一。義奉レ檄而入、喜動二顔色一。奉者志尚之士也。心賤レ之、自恨レ来、固辞而去。及二義母死一、去レ官行レ服。数辟二公府一、為二県令一、進退必以レ礼。後挙二賢良一、公車徴、不レ至。張奉嘆曰、「賢者固不レ可レ測。往日之喜、乃為レ親屈。所謂家貧親老、不レ択レ官而仕者也。」章帝下レ詔褒二寵義一、賜二穀千斛一、常以二八月一、長吏問二起居一、加二賜羊酒一。寿終二于家一。

家語。仲由字子路、見二孔子一曰、「負レ重渉レ遠、不レ択レ地而休。家貧親老、不レ択レ禄而仕。昔由事二二親一之時、常食二藜藿之実一、為レ親負二米百里之外一。親没之後、南遊二於楚一、従車百乗、積粟万鍾、累レ茵而坐、列レ鼎而食。願下欲食二藜藿一為レ親負上レ米、不レ可レ得也。」子曰、「由也事レ親、可レ謂二生事尽レ力、死事尽レ思者一也。」

孔子とその弟子
（漢代画像石）

[四] 孫楚《そんそ》は石《いし》で口《くち》をすすぎ、郝隆《かくりゅう》は書物《しょもつ》を虫干《むしぼ》しする

晋書《しんじょ》。孫楚《そんそ》字《あざな》は子荊《しけい》、太原中都《たいげんちゅうと》の人《ひと》なり。才藻卓絶《さいそうたくぜつ》、爽邁不群《そうまいふぐん》にして、陵傲《りょうごう》する所多《ところおお》く、郷曲《きょうきょく》の誉《よ》を欠《か》く。年四十余《とししじゅうよ》、始《はじ》めて鎮東軍事《ちんとうぐんじ》に参《さん》じ、馮翊太守《ひょうよくたいしゅ》に終《お》わる。初《はじ》め楚《そ》少《わか》き時隠居《ときいんきょ》せんと欲《ほっ》す。王済《おうさい》に謂《い》いて曰《い》うに、「当《まさ》に石《いし》に枕《まくら》し流《なが》れに漱《くちすす》がんと欲《ほっ》す。」とすべきを、誤《あやま》りて云《い》う、「石《いし》に漱《くちすす》ぎ流《なが》れに枕《まくら》す。」と。済曰《さいいわ》く、「流《なが》れは枕《まくら》す可《べ》きに非《あら》ず、石《いし》は漱《くちすす》ぐ可《べ》きに非《あら》ず。」楚曰《そいわ》く、「流《なが》れに枕《まくら》する所以《ゆえん》は、其《そ》の耳《みみ》を洗《あら》わんと欲《ほっ》するなり。石《いし》に漱《くちすす》ぐ所以《ゆえん》は、其《そ》の歯《は》を厲《みが》かんと欲《ほっ》するなり。」

世説《せせつ》。郝隆《かくりゅう》、七月七日《しちがつしちにち》、日中《にっちゅう》に出《い》でて仰臥《ぎょうが》す。人其《ひとそ》の故《ゆえ》を問《と》う。曰《いわ》く、「我《われ》、腹中《ふくちゅう》の書《しょ》を曬《さら》す也《なり》。」

『晋書』。孫楚は字《あざな》を子荊《しけい》といい、太原郡中都県の人である。卓越した文学的才能をもち、ものにこだわらぬ性格も人なみはずれていたが、他人に対して傲慢《ごうまん》な態度をとることが多かったので、郷里の評判はよくなかった。四十歳余りになって、やっと参鎮東軍事（鎮東将軍の参軍）となり、最終の官は馮翊《ひょうよく》太守であった。

その昔、孫楚は若いころ、隠遁《いんとん》しようと思い、王済に向かって「石に枕し流れにくちすすぎたい。」と言おうとして、まちがって「石にくちすすぎ流れに枕する。」と言ってしまった。王済が「流れは枕できるものではないし、石はくちすすげるものではない。」と言うと、孫楚は言った。「流れに枕する理由は耳を洗いたいからだ。石にくちすすぐ理由は歯をみがきたいからだ。」

『世説』。郝隆は、七月七日、昼日中、外に出て仰向けに寝た。人がそのわけを尋ねると、「わしは腹のなかの書物を虫干ししているのだ。」と言った。

❖ ❖ ❖ ❖

口舌の徒

孫楚の話は、『晋書』によっていますが、郝隆の話とともに、『世説新語』排調篇にのせられています。排調というのは戯れふざけ嘲笑《ちょうしょう》するの意味で、ひねくれたことば、毒をふくんだ発言が多くみられます。

孫楚の場合は、誤りを押しとおす強情さを示しますが、そのことばのなかにみえる「漱石」の語は、わが国の文豪のペンネームとなっていることで、ご存じの人も多いでしょう。

郝隆の場合は、腹いっぱいの学問をもっていることを誇ろうとするもので、いやみったらしいのですが、七月七日（旧暦）に書物の虫干しをする習慣があったことから生まれた話です。

◆孫楚漱レ石、郝隆曬レ書

晋書。孫楚字子荊、太原中都人。才藻卓絶、爽邁不群、多レ所二陵傲一、欠二郷曲之誉一。年四十余、始参二鎮東軍事一、終二馮翊太守一。初楚少時欲二隠居一。謂二王済一曰、当欲二枕レ石漱一レ流、誤云、「漱レ石枕レ流。」済曰、「流非レ可レ枕、石非レ可レ漱。」楚曰、「所二以枕一レ流、欲レ洗二其耳一。所二以漱一レ石、欲レ厲二其歯一。」

世説。郝隆七月七日、出二日中一仰臥。人問二其故一。曰、「我曬二腹中書一也。」

［五］奇抜《きばつ》な方法《ほうほう》で天子《てんし》に進言《しんげん》し、その愛人《あいじん》に疎《うと》まれた袁盎《えんおう》と衛瓘《えいかん》

前漢《ぜんかん》（書《じょ》）。袁盎《えんおう》字《あざな》は糸《し》、安陵《あんりょう》の人《ひと》なり。孝文《こうぶん》の時《とき》、中郎将《ちゅうろうしょう》と為《な》る。上《しょう》、上《じょう》林《りん》に幸《こう》し、皇后《こうごう》・慎夫人《しんふじん》従《したが》う。其《そ》の禁中《きんちゅう》に在《あ》るとき、常《つね》に坐《ざ》を同《おな》じくす。郎《ろう》署《しょ》に坐《ざ》するに及《およ》び、盎《おう》、夫人《ふじん》の坐《ざ》を引《ひ》き卻《しりぞ》く。夫人怒《ふじんいか》り、坐《ざ》するを肯《がえ》んぜず。上亦怒《しょうまたいか》りて起《た》つ。盎因《おうよ》りて前《すす》み説《と》きて曰《いわ》く、「臣聞《しんき》く、尊卑《そんぴ》序有《じょあ》れば、則《すなわ》ち上下和《じょうげわ》す、と。今陛下已《いまへいかすで》に后《こう》を立《た》つ。夫人迺《ふじんすなわ》ち妾《しょう》なり。主豈坐《しゅあにざ》を同《おな》じくす可《べ》けん哉《や》。且《か》つ陛下之《へいかこれ》を幸《こう》せば、則《すなわ》ち厚《あつ》く之《これ》に賜《たま》え。陛下《へいか》の慎夫人《しんふじん》の為《ため》にする所以《ゆえん》は、適《まさ》に之《これ》に禍《わざわい》する所以也《ゆえんなり》。独《ひと》り人豕《じんし》を見《み》ざる乎《や》。」上迺《しょうすなわ》ち説《よろこ》び、入《い》りて慎夫人《しんふじん》に語《かた》る。夫人《ふじん》、盎《おう》に金五十斤《きんごじっきん》を賜《たま》う。然《しか》れども亦数《またしばしば》諫《いさ》むるを以《もっ》て、久《ひさ》しく中《なか》に居《お》ることを得《え》ず。

『前漢（書）』。袁盎は字《あざな》を糸といい、安陵の人である。孝文帝の時代（前一七九—前一五七）、中郎将（宿衛を司る長官）となった。帝が上林苑に行幸し、皇后と慎夫人が随行した。彼女らは宮中にいる時、つねに同じ位の席に着いていた。上林苑の官署で席に着くと、袁盎《おう》は夫人の席を取り去った。夫人は怒って下の席に着くことを承知しない。帝もまた怒って立ち上がった。袁盎はそこで進み出て説いた。「臣《わたくし》が聞きますには、尊卑によって序列がつけられれば上下ともに平和である、とか。今、陛下にはすでに皇后を立てられたからには、夫人は愛人です。主人と同じ位の席に着いてよいものでしょうか。それに陛下が彼女を寵愛《ちようあい》なさるのならば、手厚く下賜なさいませ。陛下が慎夫人のためにとなさっていることは、まさしく彼女に災いとなる事柄です。人豚の例をごらんにならないのですか。」帝はそこで喜び、なかに入って慎夫人に説明した。夫人は袁盎に金五十斤を下賜した。しかしながらしばしば諫言《かんげん》したことから、長らく中央にいることはできなかった。

晋書《しんじょ》。衛瓘《えいかん》字《あざな》は伯玉《はくぎょく》、河東《かとう》安邑《あんゆう》の人《ひと》なり。武帝《ぶてい》の時《とき》、司空《しくう》に遷《うつ》る。政《まつりごと》を為《な》すに清簡《せいかん》、甚《はなは》だ朝野《ちょうや》の声誉《せいよ》を得《う》。恵帝《けいてい》、太子《たいし》為《た》りしとき、朝臣《ちょうしん》咸《みな》謂《おも》えらく、純質《じゅんしつ》にして政事《せいじ》を親《みずか》らすること能《あた》わず、と。瓘《かん》毎《つね》に陳啓《ちんけい》して之《これ》を廃《はい》せんと欲《ほっ》して、未《いま》だ敢《あ》えて発《はっ》せず。後《のち》会《たまたま》陵雲台《りょううんだい》に宴《えん》す。瓘《かん》、酔《よ》いに託《たく》し、因《よ》りて帝《てい》の床前《しょうぜん》に跪《ひざまず》き、曰《いわ》く、「臣《しん》、啓《けい》する所《ところ》有《あ》らんと欲《ほっ》す。」言《い》わんと欲《ほっ》して止《や》むる者《こと》三《み》たび。因《よ》りて手《て》を以《もっ》て床《しょう》を撫《ぶ》して曰《いわ》く、「此《こ》の座《ざ》惜《お》しむ可《べ》し。」帝《てい》悟《さと》る。因《よ》りて謬《いつわ》り曰《いわ》く、「公《こう》、真《まこと》に大《おお》いに酔《よ》える邪《か》。」瓘《かん》復《ま》た言《い》うこと有《あ》らず。賈后《かこう》是《こ》れに由《よ》り之《こ》れを怨《うら》む。後《のち》老《ろう》を告《つ》げ、位《くらい》を太保《たいほ》に進《すす》め、第《てい》に就《つ》かしむ。恵帝《けいてい》立《た》ち、瓘《かん》を以《もっ》て録尚書事《ろくしょうしょじ》とす。賈后《かこう》素《もと》より瓘《かん》を怨《うら》み、且《か》つ其《そ》の方直《ほうちょく》にして己《おのれ》の淫虐《いんぎゃく》を肆《は》することを得《え》ざるを忌《い》む。帝《てい》に啓《けい》し詔《みことのり》を作《つく》り、瓘《かん》の官《かん》を免《めん》ず。遂《つい》に害《がい》せらる。

『晋書』。衛瓘は字《あざな》を伯玉といい、河東郡安邑県の人である。武帝の時代（二六五―二九〇）、司空に昇進した。政務は清潔・簡便であり、朝廷・民間双方から高い評判を得た。恵帝が太子となると、朝臣たちは皆、純粋（暗愚）だから自分で政事を担うことができないと思った。衛瓘はいつもそのことを言上して太子を廃したいと願っていたが、思い切って口に出せないでいた。その後、ちょうど陵雲台で酒宴があった折、衛瓘は酔いにかこつけて、帝の玉座の前にひざまずき、「臣《わたくし》は申しあげたいことがあるのですが。」と言い、発言しようとしてやめることが三度におよんだ。そこで手で玉座を撫《な》でながら、「この座は大切になさらなければ。」と言った。帝はその意味を悟ったが、ごまかして「公はほんとうに大酔いしたのか。」と言った。衛瓘はそれ以上何も言わなかった。賈后はこのことから彼をうらんだ。のちに老年を理由に辞職し、太保に位を上げられ、私邸に帰った。恵帝が立つと、衛瓘を録尚書事（詔勅等を司る官の事務担当）に任じた。賈后は平素から衛瓘をうらんでいたうえに、彼が方正であることから自分の淫蕩《いんとう》・残虐をほしいままにできないのを嫌った。帝に申し上げて詔勅を書かせ、衛瓘を免職にし、結局衛瓘は殺されることになった。

愛人の席と天子の座

天子の後宮には多くの女性がいます。皇后をはじめ、天子の寵愛する女性に逆らうことは、臣下にとってきわめて危険なことでした。

袁盎（？—前一四八）は率直な発言によって知られる名臣でした。文帝が名君であったために処罰は免れましたが、やがて地方に出なければならなくなります。なお、人豚は漢の高祖が寵愛した戚夫人のことで、高祖の死後、呂后によって手足を切られ、目・口・耳も傷つけられて穴蔵に投げこまれ、「人豚」と呼ばれました。高祖は文帝の父に当り、この事件はまだ記憶に新しかったはずで、憚《はばか》りなくこの例をもち出すのは、袁盎の率直さを示すことになるでしょう。次の景帝の時代、後嗣となる望みを抱いた梁王の意図をはばんだことから、梁王の刺客によって殺されました。

衛瓘（二二〇—二九一）の一族は書家として有名であり、子の衛恒の『四体書勢』は今でも書家必見の著述です。武帝の死後、暗愚な恵帝が位に立ち、賈后《かこう》が思いのままにふるまいます。その犠牲となって、衛瓘、子の衛恒、孫等、併せて九人が殺されました。賈后ものちに殺されますが、西晋王朝を混乱の極に追いこみ、北方民族の侵入を招いた

❖❖❖❖

のは賈后であったと言ってよいでしょう。さらに言えば、恵帝を後継者とし、賈后をその妻とした武帝に責任があります。衛瓘の婉曲《えんきょく》な発言が通らなかった結果は、わが身をふくめた一族の死と、王朝の破滅でした。

◆袁盎卻レ坐、衛瓘撫レ牀

前漢。袁盎字糸、安陵人。孝文時、為二中郎将一。上幸二上林一、皇后・慎夫人従。其在二禁中一、常同レ坐。及レ坐二郎署一、盎引二卻夫人坐一。夫人怒、不レ肯レ坐。上亦怒起。盎因前説曰、「臣聞、尊卑有レ序、則上下和。今陛下已立レ后。夫人迺妾。主豈可レ同レ坐哉。且陛下幸レ之、則厚賜レ之。陛下所三以為二慎夫人一、適所三以禍一レ之也。独不レ見二人彘一乎。」上迺説、入語二慎夫人一。夫人賜二盎金五十斤一。然亦以二数諫一、不レ得二久居一レ中。

晋書。衛瓘字伯玉、河東安邑人。武帝時、遷二司空一。為レ政清簡、甚得二朝野声誉一。恵帝為二太子一、朝臣咸謂、純質不レ能レ親二政事一。瓘毎欲二陳啓廃一レ之、而未二敢発一。後会宴二陵雲台一。瓘託レ酔、因跪二帝床前一、曰、「臣欲レ有レ所レ啓。」欲レ言而止者三。因以レ手撫レ床曰、「此座可レ惜。」帝悟。因謬曰、「公真大酔邪。」瓘不二復有一レ言。賈后由レ是怨レ之。後告レ老、進二位太保一、就レ第。恵帝立、以レ瓘録尚書事。賈后素怨レ瓘、且忌二其方直不一レ得レ騁二己淫虐一、啓レ帝作レ詔、免二瓘官一。遂被レ害。

［六］よき理解者《りかいしゃ》がいてこそ音楽《おんがく》は生《い》きることを感《かん》じた向秀《しょうしゅう》と伯牙《はくが》

晋書《しんじょ》。向秀《しょうしゅう》字《あざな》は子期《しき》、河内懐《かだいかい》の人《ひと》なり。清悟《せいご》にして遠識有《えんしきあ》り。少《わか》くして山《さん》濤《とう》の知《し》る所《ところ》と為《な》る。雅《もと》より老荘《ろうそう》の学《がく》を好《この》む。荘周内外篇《そうしゅうないがいへん》、歴世観《れきせいみ》る者有《ものあ》りと雖《いえ》ども、其《そ》の旨統《しとう》を適論《てきろん》する莫《な》し。秀乃《しゅうすなわ》ち之《これ》が解《かい》を為《な》し、奇趣《きしゅ》を発明《はつめい》し、玄《げん》風《ぷう》を振起《しんき》す。之《これ》を読《よ》む者超然《ものちょうぜん》として心《こころ》に悟《さと》る。郭象《かくしょう》又述《またの》べて之《これ》を広《ひろ》む。儒《じゅ》墨《ぼく》の迹鄙《あといや》しめられ、道家《どうか》の言遂《げんつい》に盛《さか》んなり。嵇康善《けいこうよ》く鍛《たん》し、秀之《しゅうこれ》が佐《さ》と為《な》る。相対《あいたい》して欣然《きんぜん》、旁《かたわ》らに人無《ひとな》きが若《ごと》し。康誅《こうちゅう》さる。秀《しゅう》、洛《らく》に入《い》り、思旧賦《しきゅうのふ》を作《つく》りて云《い》う。「嵇《けい》、博《ひろ》く技芸《ぎげい》を綜《す》ぶ。糸竹《しちく》に於《おい》て特《とく》に妙《みょう》なり。命《めい》に就《つ》くに臨当《りんとう》し、日影《にちえい》を顧視《こし》し、琴《こと》を索《もと》めて之《これ》を弾《ひ》く。逝《ゆ》いて将《まさ》に西《にし》に邁《い》かんとし、其《そ》の旧廬《きゅうろ》を経《ふ》。時《とき》に于《おい》て日虞泉《ひぐせん》に薄《せま》り、寒氷凄然《かんぴょうせいぜん》たり。隣人笛《りんじんふえ》を吹《ふ》く者有《ものあ》り、声《こえ》を発《はっ》すること寥亮《りょうりょう》たり。曩昔游宴《じょうせきゆうえん》の好《よしみ》を追想《ついそう》し、音《おと》に感《かん》じて嘆《たん》ず。故《ゆえ》に賦《ふ》を作《つく》ると云《い》う。」後《のち》に散騎常侍《さんきじょうじ》と為《な》る。朝《ちょう》に在《あ》りて職《しょく》に任《にん》ぜず、迹《あと》を容《い》るるのみ。

『晋書』。向秀は字《あざな》を子期といい、河内郡懐県の人である。清潔で迷いのない心をもち見識も高かった。若年で山濤《さんとう》に認められた。つねづね老荘の学を好んだ。『荘子』の内篇・外篇は、歴代読む者はいたけれども、その内容を統一的にとらえきっちりと論じた者はいなかった。向秀はそこで解釈を行ったが、人の気づかぬ意味を明らかにし、老荘の気風をふるい起こした。それを読んだ者は、世俗をはなれた思いに心から納得した。郭象はさらにそれを祖述して演繹《えんえき》した。儒家・墨家の事跡はいやしめられ、道家のことばが盛行することとなった。嵆康《けいこう》は鉄を鍛《きた》えることが上手で、向秀はその手助けをしたが、向かい合って楽しげに仕事をし、かたわらに人がいないように思いのままふるまった。郭康が処刑された後、向秀は洛陽に行き、「思旧の賦」を作って述べた。「嵆康はひろく技芸をおさめていたが、管絃について特にすばらしかった。処刑を前にして、日時計の影をふり返って見、琴を求めてひいた。私は西方に出かけ、帰りに彼の旧居を通った。その時、日は虞泉《ぐせん》（日の沈む池）にと迫り、冷たい氷が寒々としていた。隣人で笛を吹く者がいて、その音は高くすきとおってひびいてきた。昔日の楽しい宴《うたげ》の親交を思い出し、音楽に感動して嘆息した。それゆえ、賦を作って述べる。」のちに散騎常侍（皇帝の顧問官）となったが、朝廷において職務にたずさわろうとせず、在籍していただけだった。

列子《れつし》に曰《いわ》く、伯牙《はくが》善《よ》く琴《こと》を鼓《ひ》き、鍾子期《しょうしき》善《よ》く聴《き》く。伯牙《はくが》琴《こと》を鼓《ひ》き、志《こころざし》、高山《こうざん》に在《あ》り。子期《しき》曰《いわ》く、「善《よ》きかな、峩峩乎《ががこ》として泰山《たいざん》の若《ごと》し。」志《こころざし》、流水《りゅうすい》に在《あ》り。子期《しき》曰《いわ》く、「善《よ》きかな、洋洋兮《ようようけい》として江河《こうか》の若《ごと》し。」伯牙《はくが》念《ねん》ずる所《ところ》、子期《しき》必《かなら》ず之《これ》を得《う》。呂氏春秋《りょししゅんじゅう》に曰《いわ》く、鍾子期《しょうしき》死《し》し、伯牙《はくが》琴《こと》を破《やぶ》り絃《げん》を絶《た》ち、終身《しゅうしん》復《ま》た琴《こと》を鼓《ひ》かず。以為《おも》えらく為《ため》に鼓《ひ》くに足《た》る者無《ものな》し、と。

『列子』にいう。伯牙は琴の名手で、鍾子期《しょうしき》は音楽を理解していた。伯牙が高い山を思い浮かべながら琴をひくと、鍾子期は言った。「すばらしい。高くそびえて泰山のようだ。」流れる水を思い浮かべると、鍾子期は言った。「すばらしい。ひろびろとして長江・黄河のようだ。」伯牙が心中思い浮かべることを、鍾子期は必ず悟った。『呂《りょ》氏春秋』にいう。鍾子期が死ぬと、伯牙は琴をこわし絃を断ち切り、死ぬまで二度と琴をひかなかった。ひいて聞かせてやるだけの人物がいないと考えたからである。

❖　❖　❖　❖

琴の名手とその理解者

共に音楽に関係した話です。

向秀は竹林の七賢（竹林につどった七人の賢者）の一人として知られています。阮《げん》籍《せき》・嵆康《けいこう》・山濤《さんとう》・向秀・劉伶《りゅうれい》・阮咸《げんかん》（籍の兄の子）・王戎《おうじゅう》が七賢ですが、彼らのおかれた時代は、三国魏《ぎ》の末期できわめて難しい世の中でした。魏帝曹氏の一族曹爽《そうそう》が政権を一人じめにしていたのを、司馬懿《しばい》がクーデターによって打ち破り、以後、司馬懿の子司馬師・司馬昭と権力を引き継ぎ、司馬昭の子司馬炎が曹氏の譲位をうけて帝位につきました。朝廷における権力争い、司馬氏と魏帝の微妙な関係、そのなかにあってどう身を処するかが、官僚・知識人の大きな問題でした。阮籍の父阮瑀《う》は曹操を取り巻いた文学者たち、いわゆる建安七子の一人で、曹操からかわいがられました。嵆康は魏の王室と姻戚《いんせき》関係にありました。山濤は逆に司馬氏と姻戚関係にあります。七賢の指導者格の三人の立場にはちがいがありました。世俗を否定し、自由な生き方を示そうとしたかにみえる七賢の言動は、実は権力の動向に気をくばり、世俗に規定されたものでした。激越にみえる行為をとりながら、司馬昭に「至慎」の人と称された阮籍は、つねに細心の注意をおこたらないことによって命をまっとうしました。曹爽の時代に隠れ潜んでいた山濤は、司馬氏が権力をにぎると、今までの態度をかなぐり捨て、出世の道を選ぶことになります。直情径行の嵆康は破滅しました。向秀の感慨には、時代に圧殺された友人への痛恨の思いが込められていますが、それも処刑された事情を明白に語れず、笛の音によって引き起こされた感情を述べるのみです。この困難な時代にあって、社会と積極的に関わらない生き方が尊重され、老荘の思想が知識人をひきつけています。『荘子』の向秀注は現存せず、郭象注は現存しますが、郭象の注は『荘子』を利用して自己の思想を述べようとするもので、向秀の注も同じ性格のものであったと思われます。

伯牙の話は、いわゆる「知音《ちいん》」の故事としてよく知られています。音楽の理解者の意から、自分の価値を真に理解してくれる人の意となる「知音」の語は、真の友人の得がたさを示すものです。

◆向秀聞レ笛、伯牙絶レ絃

晋書。向秀字子期、河内懐人。清悟有二遠識一。少為二山濤所一レ知。雅好二老荘之学一。荘周内外篇、歴世雖レ有二観者一、莫レ適二論其旨統一。秀乃為二之解一、発二明奇趣一、振二起玄風一。読レ之者超然心悟。郭象又述而広レ之。儒墨之迹見レ鄙、道家之言遂盛焉。嵆康善鍛、秀為二之佐一。相対欣然、旁若レ無レ人。康誅。秀入レ洛、作二思旧賦一云、「嵆博綜二技芸一。於二糸竹一特妙。臨二当就一レ命、顧二視日影一、索レ琴而弾レ之。逝将二西邁一、経二其旧廬一。于レ時日薄二虞泉一、寒氷凄然。隣人有二吹レ笛者一、発レ声寥亮。追二想曩昔游宴之好一、感レ音而嘆。故作レ賦云。」後為二散騎常侍一。在レ朝不レ任レ職、容レ迹而已。

列子曰、伯牙善鼓レ琴、鍾子期善聴。伯牙鼓レ琴、志在二高山一。子期曰、「善哉、峩峩乎若二泰山一。」志在二流水一。子期曰、「善哉、洋洋兮若二江河一。」伯牙所レ念、子期必得レ之。呂氏春秋曰、鍾子期死、伯牙破レ琴絶レ絃、終身不二復鼓一レ琴。以為無下足二為鼓一者上。

［七］魯褒《ろほう》は『銭神論《せんしんろん》』で世俗《せぞく》を批判《ひはん》、かたや崔烈《さいれつ》は金《かね》にまみれた

晋書《しんじょ》。魯褒《ろほう》字《あざな》は元道《げんどう》、南陽《なんよう》の人《ひと》なり。学《がく》を好《この》みて多聞《たぶん》、貧素《ひんそ》を以《もっ》て自立《じりつ》す。元康《げんこう》の後《のち》、綱紀《こうき》大《おお》いに壊《こわ》る。褒《ほう》、時《とき》の貪鄙《たんぴ》を傷《いた》み、乃《すなわ》ち姓名《せいめい》を隠《かく》して銭神論《せんしんろん》を著《あらわ》し以《もっ》て之《これ》を刺《そし》る。其《そ》の略《りゃく》に曰《いわ》く、「之《これ》に親《した》しむこと兄《あに》の如《ごと》く、字《あざな》して孔《こう》方《ほう》と曰《い》う。之《これ》を失《うしな》えば則《すなわ》ち貧弱《ひんじゃく》、之《これ》を得《う》れば則《すなわ》ち富昌《ふしょう》。翼《つばさ》無《な》くして飛《と》び、足《あし》無《な》くして走《はし》る。厳毅《げんき》の顔《かお》を解《と》き、発《はっ》し難《がた》きの口《くち》を開《ひら》く。銭多《せんおお》き者《もの》は前《まえ》に処《お》り、少《すく》なき者《もの》は後《うし》ろに居《お》る。銭《せん》の祐《たす》くる所《ところ》、吉《きっ》にして利《り》ならざる無《な》し。何《なん》ぞ必《かなら》ずしも書《しょ》を読《よ》み、然《しか》る後《のち》富貴《ふうき》ならん。昔呂公《むかしりょこう》は空版《くうばん》に欣悦《きんえつ》し、漢高《かんこう》は之《これ》を贏二《えいに》に克《こく》す。文君《ぶんくん》は布裳《ふしょう》を解《と》きて錦繍《きんしゅう》を被《き》、相如《しょうじょ》は高蓋《こうがい》に乗《の》りて特鼻《とくび》を解《と》く。官《かん》尊《とうと》く名顕《なあらわ》るるは、皆銭《みなせん》の致《いた》す所《ところ》。徳無《とくな》くして尊《とうと》く、勢《いきお》い無《な》くして熱《あつ》し。金門《きんもん》

を排《はい》して、紫闥《したつ》に入《い》る。危《き》も安《やす》からしむ可《べ》く、死《し》も活《い》かしむ可《べ》し。貴《き》も賤《いや》しからしむ可《べ》く、生《せい》も殺《ころ》さしむ可《べ》し。諺《げん》に曰《いわ》く、『銭耳無《せんみみな》くして、鬼《き》を使《つか》う可《べ》し。』と。凡《およ》そ今《いま》の人《ひと》は、唯銭而已《ただせんのみ》。」時《とき》を疾《にく》む者《もの》其《そ》の文《ぶん》を伝《つた》う。後終《のちお》わる所《ところ》を知《し》る莫《な》し。

『晋書』。魯褒は字《あざな》を元道といい、南陽郡の人である。学問を好み博識であったが、貧しい暮らしを自ら選んだ。元康年間（恵帝の時代）が過ぎると、秩序がすっかりくずれた。魯褒は当時の貪欲《どんよく》で卑しい風潮をいたみ、そこで姓名を隠して『銭神論』を書き、それを風刺した。その略文にいう。「これ（銭）に兄のように親しみ、孔方と字《あざな》をつけた。これを失うと貧しく弱く、これを手に入れれば富み栄える。翼がないのに飛び、足がないのに走る。いかめしく怖い顔もほころび、めったに笑わない口もゆるむ。銭を多く持っている者は前におり、少ない者は後ろにおかれる。銭が助けるものは、吉であってうまくいかないことはない。何も勉強をしてはじめて富貴になれるとはかぎらない。昔呂公は空手形に大喜びだったし、漢の高祖は二百銭の余分の餞別《せんべつ》に礼をした。文君は粗末な服を脱いで錦《にしき》や刺繍《ししゅう》の服をまとい、司馬相如は高級車に乗ってふんどしを捨てた。官が高くなり名声があがるのは、すべて銭のおかげである。徳がそなわってなくても尊くなり、権力がなくても幅をきかせる。権力者の門も押し開き、王宮の門にも入りこむ。危険な者も安全にさせ、死者も生きかえらせ、高貴の者も下賤《げせん》にさせ、生きてる者も殺してしまう。ことわざに、銭は耳がないのに、鬼神を使役できる、という。今の人はみなただ銭だけだ。」時勢を憎む者がその文を伝えた。その後、彼がどこで死んだかわからない。

後漢《ごかん》（書《じょ》）。崔烈《さいれつ》、涿郡安平《たくぐんあんぺい》の人《ひと》なり。北州《ほくしゅう》に重名有《じゅうめいあ》り。郡守九卿《ぐんしゅきゅうけい》を歴《ふ》。霊帝《れいてい》の時《とき》、鴻都門《こうともん》を開《ひら》き、榜《ぼう》して官爵《かんしゃく》を売《う》る。公卿《こうけいい》以下皆差有《かみなさあ》り。富《と》める者《もの》は先《さき》に銭《せん》を入《い》れ、貧《まず》しき者《もの》は官《かん》に到《いた》りて後倍輸《のちばいゆ》す。或《ある》いは常侍《じょうじ》・阿保《あほ》に因《よ》り、別《べつ》に自《みずか》ら通達《つうたつ》す。是《こ》の時《とき》、段熲等《だんけいら》、功勲名誉有《こうくんめいよあ》りと雖《いえ》ども、然《しか》れども皆先《みなさき》に貨財《かざい》を輸《ゆ》し、而《しか》る後公位《のちこうい》に登《のぼ》る。烈《れつ》、傅母《ふぼ》に因《よ》り銭五百万《せんごひゃくまん》を入《い》れ、司徒《しと》と為《な》る。嘗《かつ》て其《そ》の子鈞《こきん》に問《と》いて曰《いわ》く、「吾三公《われさんこう》に居《お》る。議者《ぎしゃ》に於《おい》て如何《いかん》。」鈞曰《きんいわ》く、「大人少《たいじんわか》くして英称有《えいしょうあ》り、卿守《けいしゅ》を歴位《れきい》す。人謂《ひとおも》えらく当《まさ》に三公《さんこう》と為《な》るべし、と。今其《いまそ》の位《くらい》に登《のぼ》るも、天下《てんか》望《のぞ》みを失《うしな》う。」烈曰《れついわ》く、「何為《なんす》れぞ然《しか》る也《や》。」鈞《きん》曰《いわ》く、「論者其《ろんじゃそ》の銅臭《どうしゅう》を嫌《きら》う。」後太尉《のちたいい》に拝《はい》す。董卓既《とうたくすで》に誅《ちゅう》せられ、城門校尉《じょうもんこうい》に拝《はい》す。

『後漢（書）』。崔烈は、涿《たく》郡安平県の人である。北方の州で評判高かった人物で、郡守・九卿（大臣）を歴任した。霊帝の時代（一七八）、鴻都門を開き、立て札を立てて公示し、官爵を売った。三公九卿以下、すべて金額に差をつけた。金持ちは先に銭を納めたが、貧乏人は着任した後倍額を差し出した。宦官《かんがん》の中常侍《ちゅうじょうじ》や帝の乳母をつてとして、別途に金を出した。この時、段熲《だんけい》らは勲功名誉があったけれども、しかし皆先に金銭を出し、はじめて三公の位に昇ったのである。崔烈は乳母をつてに銭五百万を納め、司徒となった。ある時、その子の崔鈞《きん》に尋ねた。「わしは三公の位にいるが、論者たちの評判はどうだね。」崔鈞は言った。「父上には若い時から高い評判をたてられ、九卿・郡守を歴任されました。人々は三公になられるにちがいないと思っていましたが、今その位に昇られると、天下の人は期待を裏切られたと思っております。」烈、「どうしてそうなのだ。」崔鈞、「論者はその銅銭のにおいを嫌悪しております。」のちに太尉に任命された。董卓《とうたく》が殺されてのち、城門校尉（城門警護の長官）に任じられた。

❖❖❖❖

金銭の威力

金銭にまつわる話で、いつの時代にも通用する問題をふくんでいます。

魯褒は『晋書』の隠逸伝に伝があります。隠逸伝は世俗をきらい、世をのがれた人たちの伝記です。『銭神論』は、彼の世俗に対する痛烈な批判です。孔方の孔は穴、方は四角。銭に四角の穴があいていることから別名としました。秦末、沛の県令の客となった呂公のもとに、土地の有力者たちがあいさつに来た時、当時無名だった劉邦（漢の高祖）は、無一文であったにもかかわらず、名札に一万銭と書いてさし出しました。その劉邦が秦の都咸陽に役務で行った時、蕭何は他の者より余分（贏）に二百銭多く餞別《せんべつ》を送り、漢成立後そのお礼に二千石多く領地を授けられました。卓文君と司馬相如の話は後に見えます。（文君壚に当る。）なお、この文は、省略のうえにさらに省略された形ですが、方・昌、走・口・後、利・貴・二・鼻・致、熱・闌・活・殺、耳・鬼・已と一句おきに韻を踏んでいます。

崔烈の場合は、後漢末期の王朝の堕落ぶりを示す話です。大金を出して買った官職であれば、当然名誉だけで満足するわけはありません。後漢時代は第三代以下の皇帝がすべて幼少で即位したため、外戚《がいせき》と宦官の勢力がきわめて強かったのです。それに対して知識人の官僚・士人は批判し、抵抗し、きびしく弾圧されます。また宦官と対抗した士人とは別に、崔烈のような官僚たちが、なりふりかまわず高官に昇っていきました。「銅臭」の語は、息子によって発せられているだけに、よけいにきびしいものとなっています。『銭神論』の指摘、「官尊く名顕《あらわ》るるは、皆銭の致す所。」を地でいったような時代でした。

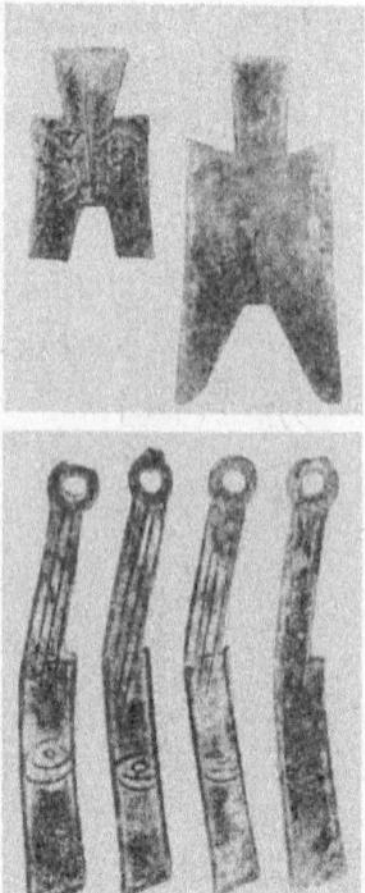
戦国時代の貨幣

◆魯褒銭神、崔烈銅臭

晋書。魯褒字元道、南陽人。好レ学多聞、以二貧素一自立。元康之後、綱紀大壊。褒傷二時貪鄙一、乃隠二姓名一而著二銭神論一以刺レ之。其略曰、「親レ之如レ兄、字曰二孔方一。失レ之則貧弱、得レ之則富昌。無レ翼而飛、無レ足而走。解二厳毅之顔一、開二難レ発之口一。銭多者処レ前、少者居レ後。銭之所レ祐、吉無レ不レ利。何必読レ書、然後富貴。昔呂公欣二悦於空版一、漢高克二之於嬴二一。文君解二布裳一而被二錦繍一、相如乗二高蓋一而解二犢鼻一。官尊名顕、皆銭所レ致。無レ徳而尊、無レ勢而熱。排二金門一、而入二紫闥一。危可レ使レ安、死可レ使レ活。貴可レ使レ賤、生可レ使レ殺。諺曰、『銭無レ耳、可レ使レ鬼。』凡今之人、唯銭而已。」疾レ時者伝二其文一。後莫レ知レ所レ終。

後漢。崔烈涿郡安平人。有レ重二名於北州一。歴二郡守九卿一。霊帝時、開二鴻都門一、榜売二官爵一。公卿以下皆有レ差。富者先入レ銭、貧者到レ官而後倍輸。或因二常侍・阿保一、別自通達。是時段熲等雖レ有二功勲名誉一、然皆先輸二貨財一、而後登二公位一。烈因二傅母一入二銭五百万一、為二司徒一。嘗問二其子鈞一曰、「吾居二三公一。於二議者一如何。」鈞曰、「大人少有二英称一、歴二位卿守一。人謂当レ為二三公一。今登二其位一、天下失レ望。」烈曰、「何為然也。」鈞曰、「論者嫌二其銅臭一。」後拝二太尉一。董卓既誅、拝二城門校尉一。

［八］子《こ》のため、王陵《おうりょう》の母《はは》は剣《けん》に伏《ふ》して死《し》に、孟子《もうし》の母《はは》は三遷《さんせん》した

前漢《ぜんかん》（書《じょ》）。王陵《おうりょう》は沛《はい》の人《ひと》なり。高祖《こうそ》起《た》ちしとき、陵《りょう》も亦《また》党《とう》数千人《すうせんにん》を聚《あつ》む。高祖《こうそ》の項羽《こうう》を撃《う》つに及《およ》びて、廼《すなわ》ち兵《へい》を以《もっ》て漢《かん》に属《ぞく》す。羽《う》、陵《りょう》の母《はは》を取《と》り、軍中《ちゅう》に置《お》く。陵《りょう》の使《し》至《いた》るに、則《すなわ》ち東向《とうきょう》して陵《りょう》の母《はは》を坐《ざ》せしめ、以《もっ》て陵《りょう》を招《まね》く。陵《りょう》の母《はは》私《ひそ》かに使者《ししゃ》を送《おく》り、泣《な》きて曰《いわ》く、「妾《しょう》が為《ため》に陵《りょう》に語《つ》げよ。善《よ》く漢王《かんおう》に事《つか》えよ。漢王《かんおう》は長者《ちょうじゃ》なり。老妾《ろうしょう》を以《もっ》ての故《ゆえ》に二心《にしん》を持《じ》すること毋《な》かれ。妾《しょう》死《し》を以《もっ》て使者《ししゃ》を送《おく》ると。」遂《つい》に剣《けん》に伏《ふ》して死《し》す。

『前漢（書）』。王陵は沛の人である。高祖が旗揚げした時、王陵も数千人の仲間を集めて決起した。高祖が項羽を攻撃した時になってはじめて、部下をひきいて漢に所属した。項羽は王陵の母を捕らえ、軍中にとめおいた。王陵の使者が来る

と、東向きに王陵の母を座らせて、王陵を呼び寄せようとした。王陵の母はこっそり使者の帰りを送り、泣きながら言った。「わたしのために王陵に言っておくれ。よく漢王に仕えなさい。漢王は長者です。年老いたわたしのために二心をもたないように。わたしは死んでお使者を送りました、とね。」かくて剣に身を伏せて死んだ。

古列女伝《これつじょでん》。鄒《すう》の孟軻《もうか》の母《はは》、其《そ》の舎墓《しゃはか》に近《ちか》し。孟子《もうし》少《わか》くして嬉遊《きゆう》し、墓間《ぼかん》の事《こと》を為《な》す。孟母《もうぼ》曰《いわ》く、「此《こ》れ吾子《われこ》を居処《きょしょ》する所以《ゆえん》に非《あら》ざる也《なり》。」乃《すなわ》ち去《さ》りて市《し》の傍《かたわ》らに舎《しゃ》す。其《そ》の嬉戯《きぎ》乃《すなわ》ち賈人衒売《こじんげんばい》の事《こと》なり。又曰《またいわ》く、「此《こ》れ吾子《われこ》を居処《きょしょ》する所以《ゆえん》に非《あら》ざる也《なり》。」復《ま》た徙《うつ》りて学宮《がくきゆう》の旁《かたわ》らに舎《しゃ》す。其《そ》の嬉戯《きぎ》乃《すなわ》ち俎豆《そとう》を設《もう》け、揖譲進退《ゆうじようしんたい》す。孟母《もうぼ》曰《いわ》く、「真《まこと》に以《もっ》て吾《わ》が子《こ》を居《お》らしむ可《べ》し。」遂《つい》に居《お》る。孟子《もうし》既《すで》に学《まな》びて帰《かえ》るに及《およ》び、孟母《もうぼ》学《がく》の至《いた》る所《ところ》を問《と》う。孟子《もうし》曰《いわ》く、「自若《じじゃく》たり。」孟母《もうぼ》刀《かたな》を以《もっ》て其《そ》の織《しょく》を断《た》ちて曰《いわ》く、「子《し》の学《がく》を廃《はい》するは、吾《われ》の斯《こ》の織《しょく》を断《た》つが若《ごと》し。」孟子《もうし》懼《おそ》れ、旦夕学《たんせきがく》に勤《つと》めて息《や》まず。子思《しし》に師事《しじ》し、遂《つい》に名儒《めいじゅ》と成《な》る。君子《くんし》謂《い》う、「孟母《もうぼ》人《ひと》の母《はは》為《た》るの道《みち》を知《し》ると。」

『古列女伝』。鄒《すう》の孟軻《もうか》の母、その家は墓の近くにあった。孟子は幼くて、墓で行われている葬式などのまねをして遊んだ。孟子の母は言った、「ここは子どもを住まわせる場所ではありません。」そこで市場のかたわらに転居した。孟子の遊びは商人が行う呼び声やかけひきのことだった。母はまた言った、「ここは子どもを住まわせる場所ではありません。」ふたたび学校のかたわらに転居した。孟子の遊びは、祭器を設け礼儀にのっとって動作することであった。孟子の母は「ほんとうにわが子を住まわせるのによい所です。」と言い、そのままそこに住んだ。孟子が学校に入って帰って来ると、母は勉強がどこまで進んだか尋ねた。孟子は言った、「今までどおりです。」母は刃物で自分の織っていた布を断ち切り、言った。「あなたが勉強をやめるのは、わたしがこの織物を断ち切るのと同じです。」孟子はおののき恐れ、朝夕休むことなく勉学に励み、子思（孔子の孫）に師事し、かくて名高い儒者となった。君子はいう。「孟子の母は人の母としての道をわきまえていた。」

❖❖❖❖

母の愛

王陵の母、孟子の母、いずれもわが子の将来を考える母の愛についての話です。王陵の母の場合は、戦乱の時代によくある話で、母親を人質にして子の王陵に裏切りを強要しようとした項羽の意図を、自らの死によって打ちくだく壮烈な母の生き方を示しています。

孟子の場合は二つの話から成っています。第一は「孟母三遷」のことわざでよく知られている話で、少しでもよい環境で子どもを育てたいという、いつの時代にも共通する母の願いを描いています。第二は、勉強をなまけるわが子をしかる母の姿で、二つの話とも、今でいえば教育ママ的ですが、『列女伝』がのせる別の話は、良識と思いやりにあふれた婦人像をも描いています。結婚した孟子が、ある時妻の部屋に入ろうとすると、妻が肌脱ぎのだらしない姿をしているのに気づきました。孟子は不機嫌になり、妻が孟子の母に離婚を申し出ると、母は孟子を呼び寄せて注意しました。部屋に入る時は声をかけてから入り、視線を下に向けるのが礼儀で、自分が礼儀を守らずに他人をとがめてはいけない、というものでした。孟子はあやまり、夫婦の仲は元どおりになりました。この一方的に子の味方をするのではない、冷静で理性的な態度に対して、『列女伝』では礼をわきまえ姑《しゅうとめ》としての道に明らかであるという君子の評言をのせています。

◆陵母伏レ剣、軻親断レ機

前漢。王陵沛人。高祖起、陵亦聚二党数千人一。及三高祖撃二項羽一、廼以レ兵属レ漢。羽取二陵母一、置二軍中一。陵使至、則東向坐二陵母一、以招レ陵。陵母私送二使者一、泣曰、「為レ妾語レ陵。善事二漢王一。漢王長者。毋下以二老妾一故持中二心上。妾以レ死送二使者一。」遂伏レ剣而死。

古列女伝。鄒孟軻母、其舎近レ墓。孟子少嬉遊、為二墓間之事一。孟母曰、「此非四吾所三以居二処子一也。」乃去舎二市傍一。其嬉戯乃賈人衒売之事。又曰、「此非四吾所三以居二処子一也。」復徙舎二学宮之旁一。其嬉戯乃設二俎豆一、揖譲進退。孟母曰、「真可三以居二吾子一矣。」遂居。及二孟子既学而帰一、孟母問二学所一レ至。孟子曰、「自若也。」孟母以レ刀断二其織一曰、「子之廃レ学、若三吾断二斯織一也。」孟子懼、旦夕勤レ学不レ息。師二事子思一、遂成二名儒一。君子謂、「孟母知下為二人母一之道上。」

◆女性と子どもの評価

洋の東西を問わず、女性の価値が認められるのは近代になってからである。それまでは男性本位の価値評価が女性に押しつけられていた。貞淑さが尊ばれ、三従すなわち未婚の間は父に、結婚すると夫に、年老いると子に従えと強要される。

そのような社会にあっても、当然、数は少ないが歴史に登場する女性たちがいる。その中でも最も多いのは、王侯貴族の寵《ちょう》愛《あい》を受ける女、王侯貴族を迷わせる女である。この書物でも、西施・孫寿・緑珠・衛后・飛燕がそれにあたる。ついで儒家の倫

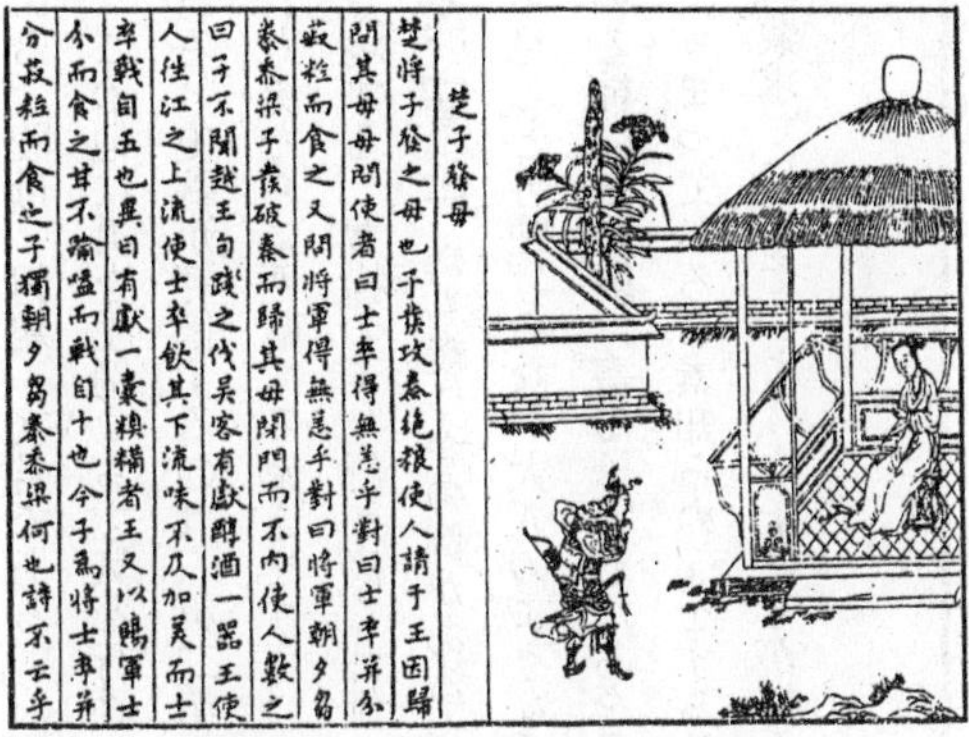

四部叢刊本『古列女伝』（1919年刊）

理からして夫や子のために尽くす貞淑な女がいる。陵母・軻親・文君である。ただ彼女らには主体的な意志、行為が見てとれる。この他に男を圧倒する才気と行動によって名を現わした者がいる。斉后・謝女である。史書が評価するのは、第二第三の女性たちである。特に第三の女たちは、秀れた男たちに匹敵する働きをする。

史書には女性以上に数が少ないが子ども登場する。曹操の子倉舒が高く評価されるのは、大人の及ばない叡知《えいち》によってである。『蒙求』にも幾つかの例があるが、子どもらしい無邪気さではなく、我々の眼から見ると可愛げのない大人のような分別が称賛されている。道端に鈴なりになっている柿の木に駆け寄る子どもたちを見て、道端にはえていて誰も取らないのは渋柿にきまっていると素知らぬ顔をする分別臭さは、私には称賛する気になれないが、『蒙求』にはそのような子どもが何人か載せられている。

［九］男《おとこ》をしのぐ才女《さいじょ》だった斉后《せいこう》と王凝氏《おうぎょうし》の妻謝氏《つましゃし》

戦国策《せんごくさく》に曰《いわ》く、斉《せい》の閔王弑《びんおうし》に遇《あ》う。其《そ》の子《こ》法章《ほうしょう》、姓名《せいめい》を変《へん》じ、莒《きょ》の太史《たいし》の家《いえ》の庸夫《ようふ》と為《な》る。太史敫《たいしきょう》の女《むすめ》、其《そ》の状貌《じょうぼう》を奇《き》とし、以為《おも》えらく常人《じょうじん》に非《あら》ず、と。憐《あわ》れみて常《つね》に窃《ひそ》かに之《これ》に衣食《いしょく》し、与《とも》に私《し》す。法章立《ほうしょうた》つ、是《こ》れ襄王《じょうおう》と為《な》す。太《たい》史氏《しし》の女《むすめ》を以《もっ》て王后《おうこう》と為《な》す。襄王卒《じょうおうしゅつ》し、子《こ》建立《けんた》つ。后《こう》、秦《しん》に事《つか》えて謹《つつし》み、諸《しょ》侯《こう》と信《しん》あり。故《ゆえ》を以《もっ》て建立《けんた》ちて四十余年《しじゅうよねん》、兵《へい》を受《う》けず。秦《しん》の昭王嘗《しょうおうかつ》て使者《ししゃ》をして后《こう》に玉連環《ぎょくれんかん》を遺《おく》らしめ、曰《いわ》く、「斉《せい》は智多《ちおお》し。此《こ》の環《かん》を解《と》くや不《いな》や。」后《こう》以《もっ》て群臣《ぐんしん》に示《しめ》す。群臣解《ぐんしんと》くことを知《し》らず。后《こう》、椎《つち》を引《ひ》きて之《これ》を椎破《ついは》し、秦《しん》の使《し》に謝《しゃ》して曰《いわ》く、「謹《つつし》みて以《もっ》て解《と》けり。」

『戦国策』にいう。斉の閔《びん》王が殺されると、その子の法章は姓名を変え、莒《きょ》の太史の家の使用人となった。太史敫《きよう》の娘は、彼の容貌《ようぼう》に心ひかれ、普通の人間ではないと考え、いとおしく思っていつも内緒で彼に衣食を与え、彼と関係をもった。法章は位についた。それが襄《じよう》王であるが、太史氏の娘を王后とした。襄王が亡くなると、子の建が立った。后は秦には謹み深く仕え、諸侯とは信義をもってつきあった。そのおかげで建は即位してから四十余年の間、外国の侵入をうけなかった。秦の昭王は、ある時使者をやって后に玉の連環を贈り、「斉には知恵者が多い。この環を解けるかどうか。」と言った。后は臣下たちに示したが、臣下たちは解く方法がわからなかった。后はつちを取り寄せてそれをたたきこわし、秦の使者にあいさつして「謹みて解きました。」と言った。

晋《しん》（書《じよ》）。王凝之《おうぎようし》の妻謝氏《つましやし》字《あざな》は道韞《どううん》、聡識《そうしき》にして才弁有《さいべんあ》り。叔父安嘗《しゆくふあんかつ》て問《と》う、「詩《し》、何《なん》の句《く》か最《もつと》も佳《よ》し。」道韞《どううん》、「吉甫誦《きつぽしよう》を作《な》し、穆《ぼく》として清風《せいふう》の如《ごと》し。仲《ちゆう》山甫《ざんほ》永《なが》く懐《おも》い、以《もつ》て其《そ》の心《こころ》を慰《なぐさ》む。」を称《しよう》す。安謂《あんおも》えらく雅《が》人《じん》の深致《しんち》有《あ》り、と。又嘗《またかつ》て内集《ないしゆう》す、俄《にわ》かにして雪驟下《ゆきしゆうか》す。安曰《あんいわ》く、「何《なん》の似《に》たる所《ところ》ぞ。」安《あん》の兄《あに》の子《こ》の朗《ろう》曰《いわ》く、「塩《しお》を空中《くうちゅう》に散《さん》ずれば、差擬《やや》す可《べ》し。」道韞《どううん》曰《いわ》く、「未《いま》だ柳《りゅう》絮《じょ》の風《かぜ》に因《よ》りて起《お》こるに若《し》かず。」安大《あんおお》いに悦《よろこ》ぶ。凝之《ぎょうし》の弟《おとうと》献之《けんし》、嘗《かつ》て賓《ひん》客《きゃく》と談議《だんぎ》し、詞理《しり》将《まさ》に屈《くつ》せんとす。道韞《どううん》、婢《ひ》を遣《つか》わし、献之《けんし》に白《もう》して曰《いわ》く、「小郎《しょうろう》の為《ため》に囲《かこ》みを解《と》かんと欲《ほっ》す。」乃《すなわ》ち青綾《せいりょう》の歩障《ほしょう》を施《ほどこ》し自《みずか》ら蔽《おお》い、献之《けんし》の前議《ぜんぎ》を申《の》ぶ。客《きゃく》、屈《くつ》すること能《あた》わず。

『晋（書）』。王凝之の妻の謝氏は字《あざな》を道韞《どううん》といい、聡明・博識で、才知あふれる弁舌をもっていた。叔父《おじ》の謝安がある時「『詩経』のなかで、どの句がもっともよいかな。」と尋ねると、道韞は「私吉甫がこの歌を作り、清風のように和やかな風を送り、仲山甫の永い苦労に対して、その心を慰める。」という句をあげた。謝安は大雅の作者の深遠な趣を理解していると思った。またある時、家族のあつまりで、急に雪が降りしきった。謝安が「何に似ているかな。」と言うと、兄の子の謝朗は「塩を空中にまけば、少しは似ているでしょうか。」と言った。道韞は言った。「柳のわたが風によって舞い上がるといったほうがよいでしょう。」謝安はひじょうに喜んだ。王凝之の弟の王献之は、ある時賓客と議論をしていて、論理に詰まり負けそうになった。道韞は侍女をやって王献之に言わせた。「あなたのために包囲を解いてあげましょう。」そこで青いあやぎぬの幕を張って姿隠しとし、王献之の前の議論を引き継いで述べたてたが、客は彼女を屈服させることができなかった。

❖❖❖❖

男まさりの才女

男性をしのぐ二人の優れた女性の話です。

斉后の話は、連環のことを除いて『史記』にもしるされています。彼女は法章の姿を見てただ者ではないと悟り、親切に面倒をみてやり、いっしょになります。それが王后に出世するもとになるのですが、父親の太史敫の態度がまた見事で、太史敫は、「媒人によらず勝手に結婚するような子はわしの子じゃない。」と言って、王后となった娘に一生会わなかったといいます。しかし、襄王と王后も、子としての礼を失いませんでした。

王凝之の妻謝氏について引かれている話は、いずれも才女としての謝氏の姿であり、それは文才ある女性を「柳絮《りゅうじょ》の才」というもとになった彼女の才知を示していますが、それは彼女の一面にすぎません。孫恩が乱を起こし会稽をおそった時、王凝之は会稽内史として責任者でしたが、防御よりも祈禱《きとう》に頼って殺されました。夫と子を殺された謝氏は、侍女たちに輿《こし》をかつがせて門まで出、自ら刃を手に数人の敵を殺し捕らえられました。外孫の劉濤《りゅうとう》は当時数歳でしたが、賊に殺されそうになると、彼女は「これは王氏のことです。他の氏族に何の関係があるのです。どうしても殺すのならば、私を先に殺してください。」と言い、劉濤を守りぬいたといいます。その毅然《きぜん》とした態度は、夫王凝之の比ではなく、単なる才女としてあつかうべきではないでしょう。

なお、王氏は瑯邪《ろうや》（山東）の臨沂《りんき》の出身、謝氏は陳郡（河南）陽夏の出身で、共に当時において第一級の貴族の家柄です。謝安に関する話は、貴族の家庭内の様子を示しています。王献之の議論はおそらく老荘などに関するもので、時事に関するものではありません。やはり当時の貴族の姿を示すものでしょう。

◆斉后破レ環、謝女解レ囲

戦国策曰、斉閔王遇レ弑。其子法章変二姓名一、為二莒太史家庸夫一。太史敫女、奇二其状貌一、以為非二常人一。憐而常窃衣二食之一、与私焉。法章立、是為二襄王一。以二太史氏女一為二王后一。襄王卒、子建立。后事レ秦謹、与二諸侯一信。以レ故建立四十余年、不レ受レ兵。秦昭王嘗使三使者遺二后玉連環一、曰、「斉多レ智。解二此環一不。」后以示二群臣一。群臣不レ知レ解。后引レ椎椎二破之一、謝二秦使一曰、「謹以解矣。」

晋。王凝之妻謝氏字道韞、聡識有二才弁一。叔父安嘗問、「詩、何句最佳。」道韞称下「吉甫作レ誦、穆如二清風一。仲山甫永懐、以慰中其心上。」安謂有二雅人深致一。又嘗内集、俄而雪驟下。安曰、「何所レ似也。」安兄子朗曰、「散二塩空中一、差可レ擬。」道韞曰、「未レ若二柳絮因レ風起一。」安大悦。凝之弟献之、嘗与二賓客一談議、詞理将レ屈。道韞遣レ婢白二献之一曰、「欲下為二小郎一解上レ囲。」乃施二青綾歩障一自蔽、申二献之前議一。客不レ能レ屈。

［一〇］しかめ顔《がお》も美《うつく》しい西施《せいし》と、魅力的《みりょくてき》なしなを作《つく》る孫寿《そんじゅ》

荘子《そうじ》に曰《いわ》く、西施《せいし》心《むね》を病《や》みて其《そ》の里《さと》に矉《ひん》す。其《そ》の里《さと》の醜人《しゅうじん》、見《み》て之《これ》を美《び》とし、帰《かえ》りて亦心《またむね》を捧《ささ》げて其《そ》の里《さと》に矉《ひん》す。彼矉《かれひん》を美《び》とするを知《し》りて矉《ひん》の美《び》たる所以《ゆえん》を知《し》らず。西施《せいし》は越《えつ》の女《むすめ》、所謂西子《いわゆるせいし》也《なり》。絶世《ぜっせい》の美《び》有《あ》り。越王勾践《えつおうこうせん》、之《これ》を呉王夫差《ごおうふさ》に献《けん》ず。之《これ》を嬖《へい》し、卒《つい》に国《くに》を傾《かたむ》くるに至《いた》る。

『荘子』にいう。西施は胸を病みその村でしかめ顔をした。同じ村の醜女がそれを見て美しいと思い、帰ってくると同様に胸をかかえて村で顔をしかめた。彼女はしかめ顔が美しくみえるのを知ったが、しかめ顔がなぜ美しいのかを知らなかったのである。西施は越の娘で、西子といわれる女性である。絶世の美しさがあった。越王勾践は彼女を呉王夫差に献上した。夫差は彼女を寵愛《ちょうあい》し、結局国

をひっくり返してしまった。
後漢《ごかん》（書《じょ》）。梁冀《りようき》、大将軍《だいしょうぐん》と為《な》る。其《そ》の妻孫寿《つまそんじゅ》、襄城君《じょうじょうくん》に封《ほう》ぜられ、赤紱《せきふつ》を加賜《かし》し、長公主《ちょうこうしゅ》に比《ひ》す。寿色美《じゅいろび》に、善《よ》く妖態《ようたい》を為《な》し、愁眉《しゅうび》・啼妝《ていしょう》・堕馬髻《だばけい》・折腰歩《せつようほ》・齲歯笑《くししょう》を作《な》し、以《もっ》て媚惑《びわく》を為《な》す。性鉗忌《せいかんき》、能《よ》く冀《き》を制御《せいぎょ》す。冀《き》甚《はなは》だ寵《ちょう》して之《これ》を憚《はばか》る。冀敗《きはい》するに及《およ》びて自殺《じさつ》す。

『後漢（書）』。梁冀が大将軍となると、その妻の孫寿は襄城君《じょうじょうくん》に封ぜられ、赤い官印のひもを特別に与えられ、天子の姉と同じあつかいをうけた。孫寿は美人で、なまめかしい態《しな》を作るのが上手だった。愁を帯びた眉《まゆ》、泣いた跡のようなくまどり、傾いたまげ、なよなよした歩き方、歯痛に悩んでいるような憂わしげな笑いをし、それによって魅惑した。人を抑えつけ害を与えるのも平気という性格で、梁冀をうまく制御した。梁冀はたいそう彼女を寵愛《ちょうあい》しながらもはばかった。梁冀が破滅すると、自殺した。

美人とその影響

二人の美人の姿を描いています。

西施の話は「矉《ひそみ》(顰)に効《なら》う」の故事で有名です。『荘子』では「彼知……」の前に「其の里《さと》の富人《ふじん》之《これ》を見《み》て、堅《かた》く門《もん》を閉《と》ざして出《い》でず。貧人《ひんじん》之《これ》を見《み》て、妻子《さいし》を挈《たずさ》えて之《これ》を去《さ》り走《はし》る。」とあります。金持ちは門をしっかり閉めて外に出ず、貧乏人は妻子を連れて逃げだした、というのです。大げさな内容ですが、人びとがぞっとしながらも文句を言うわけにいかず、顔を合わせないようにする様子が出ていておもしろいですね。徐子光の注は、標題に関係ない記事をしるし、必要な記事を省略することがよくありますが、これもその一つでしょう。

孫寿の夫梁冀は、順帝の妃である梁后の兄で、その地位を利用して専横のかぎりを尽くし、質

帝からは抜扈《ばつこ》将軍と言われ帝を毒殺し、ついには破滅します。その夫をうまくあやつった、美人だけれども根性の悪い女性の、男を惑わす化粧と姿態を具体的に示しています。それが都の女性の流行となるのをみると、いつの時代でも女性心理は変わらないというべきでしょうか。

◆西施捧レ心、孫寿折レ腰

荘子曰、西施病レ心、而矉二其里一。其里之醜人、見而美レ之、帰亦捧レ心而矉二其里一。彼知レ美レ矉而不レ知三矉之所二以美一。西施越女、所謂西子也。有二絶世之美一。越王勾践献二之呉王夫差一。嬖レ之、卒至レ傾レ国。

後漢。梁冀為二大将軍一。其妻孫寿封二襄城君一、加二賜赤紱一、比二長公主一。寿色美、善為二妖態一、作二愁眉・嗁妝・堕馬髻・折腰歩・齲歯笑一、以為二媚惑一。性鉗忌、能制二御冀一。冀甚寵憚レ之。及二冀敗一、自殺。

［一一］陳平《ちんぺい》は公平《こうへい》で人望《じんぼう》を集《あつ》め、李広《りこう》は人柄《ひとがら》がよく皆《みな》に慕《した》われた

前漢《ぜんかん》（書《じょ》）。陳平《ちんぺい》、陽武戸牖《ようぶこゆう》の人《ひと》なり。少《わか》くして家貧《いえまず》し。書《しょ》を読《よ》むを好《この》み、黄老《こうろう》の術《じゅつ》を治《おさ》む。人《ひと》と為《な》り長大美色《ちょうだいびしょく》。長《ちょう》ずるに及《およ》び婦《ふ》を取《めと》る可《べ》きに、富人与《ふじんあた》うる者莫《ものな》し。貧者《ひんじゃ》は、平亦之《へいまたこれ》を媿《は》ず。之《これ》を久《ひさ》しゅうして、富人張負《ふじんちょうふ》に女孫有《じょそんあ》り、五《ご》たび嫁《か》し、夫輒《おっとすなわ》ち死《し》す。人敢《ひとあ》えて取《めと》る莫《な》し。平之《へいこれ》を得《え》んと欲《ほっ》す。負《ふ》、平《へい》を偉《い》とし、随《したが》いて其《そ》の家《いえ》に至《いた》るに、迺《すなわ》ち負郭窮巷《ふかくきゅうこう》、席《せき》を以《もっ》て門《もん》と為《な》す。然《しか》れども門外長者《もんがいちょうじゃ》の車轍多《しゃてつおお》し。負帰《ふかえ》り、其《そ》の子仲《こちゅう》に謂《い》いて曰《いわ》く、「吾《われ》、女孫《じょそん》を以《もっ》て陳平《ちんぺい》に予《あた》えんと欲《ほっ》す。」仲曰《ちゅういわ》く、「平貧《へいまず》しくして事《こと》を事《こと》とせず。一県《いっけん》の中《うち》尽《ことごと》く其《そ》の為《な》す所《ところ》を笑《わら》う。奈何《いかん》ぞ之《これ》に女《むすめ》を予《あた》えん。」負曰《ふいわ》く、「固《もと》より美陳平《びちんぺい》の如《ごと》くして長《なが》く貧《ひん》なる者有《ものあ》らん乎《や》。」卒《つい》に女《むすめ》を与《あた》え、酒肉《しゅにく》の資《し》を予《あた》え以《もっ》て婦《ふ》

を内《い》れしむ。其《そ》の孫《まご》に戒《いまし》めて曰《いわ》く、「貧《ひん》を以《もっ》ての故《ゆえ》に人《ひと》に事《つか》えて謹《つつし》まざること毋《なか》れ。」里中《りちゆう》の社《しや》、平《へい》、宰《さい》と為《な》り、肉《にく》を分《わ》かつこと甚《はなは》だ均《ひと》し。父老之《ふろうこれ》を善《よ》しとす。平曰《へいいわ》く、「平《へい》をして天下《てんか》に宰《さい》たることを得《え》しむれば、亦此《またこ》の肉《にく》の如《ごと》し。」高祖《こうそ》に従《したが》い護軍中尉《ごぐんちゆうい》と為《な》り、尽《ことごと》く諸将《しよしよう》を護《ご》す。黄金四《おうごんし》万斤《まんきん》を出《い》だし平《へい》に予《あた》え、為《な》す所《ところ》を恣《ほしいまま》にして出入《しゆつにゆう》を問《と》わず。平多《へいおお》く金《きん》を以《もっ》て反間《はんかん》を楚《そ》の軍《ぐん》に縦《はな》つ。初《はじ》めて従《したが》いて自《よ》り天下《てんか》の定《さだ》まるに至《いた》るまで、凡《およ》そ六《ろく》たび奇計《きけい》を出《い》だす。曲逆侯《きよくぎやくこう》に定封《ていほう》さる。恵帝《けいてい》の時《とき》、左丞相《さじようしよう》と為《な》り、呂后《りよこう》の時《とき》、右丞相《うじようしよう》と為《な》る。又文帝《またぶんてい》に相《しよう》たり。乃《すなわ》ち薨《こう》ず。

『前漢（書）』。陳平は陽武郡戸牖《こゆう》県の人である。若いころ家は貧しかったが、読書が好きで、黄帝老子の術（道家の思想と法家の思想をまじえたもの）を治めた。身体は大きく美男子だった。成長して妻をめとらなければならなくなったが、金持ちでは相手にする者がなく、貧乏人は陳平のほうでやはり気がひけた。しばらくして、金持ちの張負に五度嫁にいって五度とも夫を死なせた孫娘がいて、だれもかもうめとろうとしなかった。陳平は彼女をめとろうと思った。張負は陳平をりっぱだと思い、後についてその家まで行くと、なんと城壁を背にした貧しい街で、むしろを門代わりに掛けてあった。ところが、門の外にはお偉方の車の跡がたくさんあった。張負は家に帰ると、その子の張仲に向かって言った。「わしは孫娘を陳平にやろうと思う。」張仲、「陳平は貧しいのに生業に熱心でなく、県中みんながその行為を笑っております。どうして彼に娘をやるのです。」張負、「実際、陳平みたいにりっぱな男が長く貧乏でいるなんてことがあろうか。」結局娘をやり、酒肉を買う金を与えて嫁を迎えさせた。その孫娘をいましめて言うには、「貧乏だからといって人につかえるのにおろそかであってはならぬぞ。」村のなかにある社《やしろ》で、陳平は肉を分割する役をやったが、肉の分け方がひじょうに公平だった。顔役たちがそれをほめると、陳平は「わたしに天下をとりしきらせてくれるならば、この肉のようにしてみせるのだが。」と言った。高祖につき従い護軍中尉となり、諸将を統率した。（高祖は）黄金四万斤を出して陳平に与え、やりたいようにやらせ、金の使い道について問わなかった。陳平は多くの金を使って楚軍にスパイを放った。高祖に従った最初から天下が平定されるまで、合わせて六度奇策を出した。最終的に曲逆侯に封ぜられた。恵帝の時代、左丞相となり、呂《りょ》后の時代、右丞相となった。さらに文帝の丞相となり、亡くなった。

前漢《ぜんかん》（書《じょ》）。李広《りこう》、隴西成紀《ろうせいせいき》の人《ひと》なり。世世《よよ》射法《しゃほう》を受《う》く。武帝《ぶてい》の時《とき》、右北平《ゆうほくへい》太守《たいしゅ》に拝《はい》す。匈奴号《きょうどごう》して漢《かん》の飛将軍《ひしょうぐん》と曰《い》い之《これ》を避《さ》け、数歳界《すうさいかい》に入《い》らず。広出《こうい》でて猟《りょう》す。草中《そうちゅう》の石《いし》を見《み》、以《もっ》て虎《とら》と為《な》して之《これ》を射《い》る。石《いし》に中《あた》り矢《や》を没《ぼっ》す。之《これ》を視《み》れば石也《いしなり》。他日《たじつ》射《い》るに、終《つい》に入《い》る能《あた》わず。広《こう》、七郡《しちぐん》の太守《たいしゅ》を歴《へ》、前後四《ぜんごし》十余年《じゅうよねん》。賞賜《しょうし》を得《う》れば、輒《すなわ》ち其《そ》の戯下《きか》に分《わ》かち、飲食《いんしょく》、士卒《しそつ》と之《これ》を共《とも》にす。寛緩《かんかん》にして苛《か》ならず、士《し》、用《よう》を為《な》すを楽《たの》しむ。元狩《げんしゅ》の中《うち》、前将軍《ぜんしょうぐん》と為《な》り、大《だい》将軍《しょうぐん》衛青《えいせい》に従《したが》い匈奴《きょうど》を撃《う》ち、惑《まよ》いて道《みち》を失《うしな》う。青《せい》、上書《じょうしょ》して天子《てんし》に軍《ぐん》を失《うしな》う曲折《きょくせつ》を報《ほう》ぜんと欲《ほっ》す。長史《ちょうし》、広《こう》を責《せ》め幕府《ばくふ》に之《ゆ》き簿《ぼ》を上《たてまつ》らしむ。広《こう》、其《そ》の麾下《きか》に謂《い》いて曰《いわ》く、「広《こう》、結髪《けっぱつ》より、匈奴《きょうど》と大小《だいしょう》七十余戦《しちじゅうよせん》。今又迷《いままたまよ》いて道《みち》を失《うしな》う。豈天《あにてん》に非《あら》ず哉《や》。且《か》つ広年六十余《こうとしろくじゅうよ》、復《ま》た刀筆《とうひつ》の吏《り》に対《たい》する能《あた》わず。」遂《つい》に刀《かたな》を引《ひ》きて自刭《じけい》す。百姓之《ひゃくせいこれ》を聞《き》き、知《し》ると知《し》らざると、老壮皆為《ろうそうみなため》に泣《なみだ》を垂《た》る。賛《さん》に曰《いわ》く、李将軍《りしょうぐん》、恂恂《じゅんじゅん》として鄙人《ひじん》の如《ごと》し。口辞《くちじ》を出《い》だすこと能《あた》わず。死《し》するの日《ひ》に及《およ》び、天下《てんかし》知《し》ると知らざると、皆為《みなため》に涕《なみだ》を流《なが》す。彼其《かれそ》の中心《ちゅうしん》、士大夫《したいふ》に誠信《せいしん》あれば也《なり》。諺《げん》に曰《いわ》く、「桃李《とうり》言《ものい》わず、下《した》自《おのずか》ら蹊《こみち》を成《な》す。」此《こ》の言小《げんしょう》と雖《いえ》ども、以《もっ》て大《だい》に喩《たと》う可《べ》し。

『前漢（書）』。李広は隴西《ろうせい》郡成紀県の人である。代々射法を受け継いだ。武帝の時代、右北平太守に任じられたが、匈奴《きょうど》では「漢の飛将軍」と称して彼をさけ、数年間国境に侵入しなかった。李広は猟に出かけた時、草のなかにある石を見て、虎だと思いこみそれを射ると、石に当たって矢がめりこんだ。よく見ると石だった。別の日に射てみたが、もう突き刺すことはできなかった。李広は七つの郡の太守を歴任すること、前後合わせて四十余年にわたった。恩賞や賜り物を下されると、いつも直属の部下たちに分け与えた。飲食は士卒といっしょにとった。寛大で細かいことを問題にしなかったので、士卒は喜んで彼の下で働いた。元狩年間、前将軍となり、大将軍の衛青に従って匈奴を攻撃したが、道に迷ってしまった。衛青は上書して軍が迷った状況を天子に報告しようとして、長史に李広を追及させ、本営に出頭して書類を差し出すように命じた。李広は直属の部下たちに言った。「わしは元服以来、匈奴と大小七十余の戦いをしてきた。今は道に迷ってしまった。天命ではないだろうか。それにわしは年六十余りだ。もう書記官どもと向かい合うことはできぬ。」かくて刀を引き寄せ自ら首をはねた。人民はそれを聞いて、彼と面識ある者もない者も、老いも若きも、皆彼のために涙を流した。賛にいう。李将軍は誠実でつつしみ深く田舎の人のようで、ろくにしゃべることができなかったが、死の時を迎えると、天下の人は面識ある者もない者も皆彼のために涙を流した。彼が真心から士大夫に誠実さを示したからである。ことわざに「桃や李《すもも》はものを言わないが、木の下には自然と小道ができあがる。」ということばは小さな指摘だが、大きなことにもたとえることができる。

人気と才能と運

常識からすれば、取るに足りないようにみえる人物が、見方を変えればもっとも価値のある人間である場合があります。そのような人物二人を取り上げています。

貧乏でまともに生業もたてない男陳平（？―前一七八）を、長者が多数訪れることを知って、将来の大成を見込み孫娘を与える張負は、人を見る目があったと言うべきでしょう。

李広は不幸な男でした。将軍としての資質に恵まれ、部下の信頼を得ながら、諸侯にとりたてられるだけの功績をあげられませんでした。前一一九年、皇后衛后の弟大将軍衛青とその甥《おい》の驃騎《ひょうき》将軍霍去病《かくきょへい》が匈奴討伐の大軍を起こした時、李広は自ら志願して衛青の前将軍として出陣します。衛青は東道を通って本隊とおちあうように李広に命じましたが、李広は道に迷い、期日に間に合いませんでした。その罪は、平民におとされるのが普通でしたが、老いた李広は身の不運をなげきつつ自殺します。賛のことばは、司馬遷の李将軍列伝の「太史公曰」の言をそのまま受けついでいます。李広の不運を、天下の人々の涙によってつぐなおうとするようです。

李広の不運は孫の李陵にまで連なっています。李陵は、武帝の寵愛《ちょうあい》する李夫人の兄の李広利の出撃に、別動隊として五千の歩兵をひきいて出陣し、匈奴の精鋭の騎兵隊に包囲されて降伏します。彼の一族もすべて処刑されたばかりでなく、彼を弁護した司馬遷も宮刑に処せられます。李広の家につきまとう不運の影に、司馬遷もまきこまれたのです。「桃李言《ものい》わず、下自ら蹊を成す。」の語には、司馬遷自身の感慨もふくまれているでしょう。

なお「成蹊」の語は、日本では学校の名などに今も用いられています。

◆陳平多レ轍、李広成レ蹊

前漢。陳平、陽武戸牖人。少家貧。好レ読レ書、治二黄老術一。為レ人長大美色。及レ長可レ取レ婦、富人莫二与者一。貧者、平亦媿レ之。久レ之、富人張負有二女孫一、五嫁、夫輒死。人莫二敢取一。平欲レ得レ之。負偉レ平、随至二其家一、迺負郭窮巷、以レ席為レ門。然門外多二長者車轍一。負帰、謂二其子仲一曰、「吾欲下以二女孫一予中陳平上。」仲曰、「平貧不レ事レ事。一県中尽笑二其所一レ為。奈何予二之女一。」負曰、「固有下美如二陳平一長貧者上乎。」卒与レ女、予二酒肉資一以内レ婦。戒二其孫一曰、「毋二以レ貧故事レ人不一レ謹。」里中社、平為レ宰、分レ肉甚均。父老善レ之。平曰、「使ニ平得コ宰ニ天下一、亦如ニ此肉一矣。」従ニ高祖一為ニ護軍中尉一、尽護ニ諸将一。出ニ黄金四万斤一予レ平、恣レ所レ為不レ問ニ出入一。平多以レ金縦ニ反間於楚軍一。自ニ初従一至ニ天下定一、凡六出ニ奇計一。定ニ封曲逆侯一。恵帝時、為ニ左丞相一、呂后時、為ニ右丞相一。又相ニ文帝一。乃薨。

前漢。李広隴西成紀人。世世受ニ射法一。武帝時、拝ニ右北平太守一。匈奴号曰ニ漢飛将軍一避レ之、数歳不レ入レ界。広出猟。見ニ草中石一、以為レ虎而射レ之。中レ石没レ矢。視レ之石也。他日射、終不レ能レ入。広歴ニ七郡太守一、前後四十余年。得ニ賞賜一、輒分ニ其麾下一、飲食与ニ士卒一共レ之。寛緩不レ苛、士楽レ為レ用。元狩中、為ニ前将軍一、従ニ大将軍衛青一撃ニ匈奴一、惑失レ道。青欲三上書報ニ天子失レ軍曲折一。長史責レ広之ニ幕府一上レ簿。広謂ニ其麾下一曰、「広結髪、与ニ匈奴一大小七十余戦。今又迷失レ道。豈非レ天哉。且広年六十余、不レ能ニ復対ニ刀筆吏一矣。」遂引レ刀自剄。百姓聞レ之、知与レ不レ知、老壮皆為垂レ泣。賛曰、李将軍悀悀如ニ鄙人一。口不レ能レ出レ辞。及ニ死之日一、天下知与レ不レ知、皆為流レ涕。彼其中心誠コ信於士大夫一也。諺曰、「桃李不レ言、下自成レ蹊。」此言雖レ小、可ニ以喩コ大。

［一二］父《ちち》の楊震《ようしん》は四《よっ》つの知《ち》を畏《おそ》れ、息子《むすこ》の楊秉《ようへい》は三《みっ》つの誘惑《ゆうわく》に勝《か》つ

後漢《ごかん》（書《じょ》）。楊震茂《ようしんも》才《さい》に挙《あ》げられ、四遷《しせん》して荊州刺史《けいしゅうしし》たり。東萊太守《とうらいたいしゅ》として、郡《ぐん》に之《ゆ》くに当《あ》たり、道昌邑《みちしょうゆう》を経《ふ》。故挙《もとあ》ぐる所《ところ》の荊州《けいしゅう》の茂《も》才王密《さいおうみつ》、昌邑《しょうゆう》の令《れい》と為《な》り、謁見《えつけん》す。夜《よる》に至《いた》り金十斤《きんじっきん》を懐《いだ》き以《もつ》て震《しん》に遺《おく》る。震曰《しんいわ》く、「故人君《こじんきみ》を知《し》るに、君故人《きみこじん》を知《し》らざるは何《なん》ぞ也《や》。」密曰《みついわ》く、「暮夜《ぼや》にして知《し》る者無《ものな》し。」震《しん》曰《いわ》く、「天知《てんし》る、神知《しんし》る、我知《われし》る、子知《しし》る。何《なん》ぞ知《し》る無《な》しと謂《い》うや。」密愧《みつは》じて出《い》ず。性公廉《せいこうれん》、私謁《しえつ》を受《う》けず。子孫蔬《しそんそ》食歩《しほ》行《こう》す。故旧或《こきゅうある》いは為《ため》に産業《さんぎょう》を開《ひら》かしめんと欲《ほっ》するも、震肯《しんがえ》んぜず。曰《いわ》く、「後世《こうせい》をして清白吏《せいはくり》の子孫《しそん》為《た》りと称《しょう》せしむ。此《これ》を以《もつ》て之《これ》に遺《おく》る。亦厚《またあつ》からず乎《や》。」震《しん》、安帝《あんてい》の時太尉《ときたいい》と為《な》り、中常侍樊豊《ちゆうじようじはんほう》の譖《しん》する所《ところ》と為《な》りて卒《しゅっ》す。

『後漢（書）』。楊震は茂才（秀才）として推挙され、四度の昇進で荊州《けい》の刺史となった。東萊《とうらい》の太守として郡に赴任するにあたり、昌邑県《しょうゆう》を経由した。以前彼が推挙した荊州の茂才王密は昌邑の県令となっており、彼に目どおりしたが、夜になって金十斤をふところにして楊震に贈った。楊震は言った。「わたしは君を知っているのに、君がわたしを知ってくれないのはなぜだ。」王密、「夜間で知る者はおりません。」楊震、「天は知り、神は知り、わたしは知り、君は知っている。どうして知る者がないと思うのだ。」王密は恥じ入って去った。公正・廉潔な人柄で、個人的な頼み事は受けつけなかった。子や孫は野菜だけの食事をとり、車に乗らなかった。古い知人たちのうちには生活のために事業を行わせようとする者もいたが、楊震は承知せずに言った。「子孫たちに清潔な官吏の子孫であるとたたえられるようにしてやるのだ。これを遺産として残してやるのだ。手厚いものではないか。」楊震は安帝の時代に太尉となったが、中常侍樊豊《はんほう》の讒言《ざんげん》をうけ、亡くなった。

後漢《ごかん》（書《じょ》）。楊秉《ようへい》字《あざな》は叔節《しゅくせつ》、震《しん》の中子也《ちゅうしなり》。桓帝《かんてい》の時《とき》、太尉《たいい》と為《な》る。朝廷《ちょうてい》に得《とく》失有《しつあ》る毎《ごと》に、輒《すなわ》ち忠《ちゅう》を尽《つ》くして規諫《きかん》し、多《おお》く納用《のうよう》せらる。秉《へい》、性酒《せいさけ》を飲《の》まず。又早《またはや》く夫人《ふじん》を喪《うしな》うも、遂《つい》に復《ま》た娶《めと》らず。在《あ》る所《ところ》淳白《じゅんはく》を以《もっ》て称《しょう》せらる。嘗《かつ》て言《い》いて曰《いわ》く、「我《われ》に三不惑有《さんふわくあ》り。酒《しゅ》・色《しょく》・財也《ざいなり》。」

『後漢（書）』。楊秉は字《あざな》を叔節といい、震の真ん中の子である。桓帝の時代、太尉となった。朝廷で問題があるといつも、真心を尽くしていさめ正し、受納、採用されることが多かった。秉は酒を飲まない人で、また早く夫人を亡くしながら後ぞえをめとらず、どこの任地でも誠実・潔白さをたたえられた。ある時、「わしには三つの惑わないことがある。酒と女と金だ。」と言った。

❖❖❖❖

清潔な官僚父子

清潔な官僚として過ごし、共に人臣として最高の官である太尉にまで昇進した父子、楊震と楊秉の話です。しかも「四知」と「三不惑」というキャッチフレーズになることばによって、自己の生き方を示すところまでよく似ています。

史書を読んでいつも不思議に思うのは、内密の話がどうして後世に伝わったのかということですが、それはともかく、楊震のような話が特筆大書されるのは、ほとんどの官吏が役得を当然のことと考えていて、地方官を三年やれば孫の時代まで裕福に暮らせると言われた状況があったからです。しかも彼らの時代は、代々皇帝が幼少で即位したために、宦官《かんがん》と外戚《がいせき》の勢力が強く、世は乱れていました。最高の官職である三公をふくめて、官職が売られるのは、桓帝の次の霊帝の時代、一七八年からです。彼らの潔癖さは時代に対する反抗でもあったでしょう。なお、楊震の生没年は五四―一二四、楊秉は九二―一六五。

◆震畏二四知一、秉去二三惑一

後漢。楊震挙二茂才一、四遷荊州刺史。東莱太守、当レ之レ郡、道経二昌邑一。故所レ挙荊州茂才王密、為二昌邑令一、謁見。至レ夜懐二金十斤一以遺レ震。震曰、「故人知レ君、君不レ知二故人一何也。」密曰、「暮夜無二知者一。」震曰、「天知、神知、我知、子知。何謂レ無レ知。」密愧而出。性公廉、不レ受二私謁一。子孫蔬食歩行。故旧或欲レ令三為開二産業一、震不レ肯。曰、「使二後世称一レ為二清白吏子孫一。以レ此遺レ之。不二亦厚一乎。」震安帝時為二太尉一、為二中常侍樊豊所一レ譖而卒。

後漢。楊秉字叔節、震中子也。桓帝時、為二太尉一。毎三朝廷有二得失一、輒尽レ忠規諫、多見二納用一。秉性不レ飲レ酒。又早喪二夫人一、遂不二復娶一。所レ在以二淳白一称。嘗言曰、「我有二三不惑一。酒・色・財也。」

◆官僚登用の制度

秦《しん》の始皇帝は、広大な領土を支配するために、新しい制度を創始する。それまでの封建制度、すなわち世襲の貴族たちがそれぞれ領地をもって自国を支配するという制度を改めて全国を郡とその下の県に分け、中央から派遣された官僚が行政を担当するという、いわゆる郡県制を施《し》いた。この制度にとって重要なのは、いかに優秀な人材を見出し起用するかということである。

漢代では、最初建国の功臣たちが起用されていたが、武帝以後は実質的に郡県制に移行する。そして郡や県の行政官を選抜するための制度が確立する。九卿《きゅうけい》（大臣）と郡の長官に候補者を推薦させ、その者たちを試験によって登用する制度である。予《あらかじ》め問題を書いた複数の木の札（策）を裏返しに置き、その中から一枚選びとり、表に記した問題に答えさせ優劣を決定するのである。朝廷からいろいろな名目、例えば賢良方正・直言極諫《きょっかん》といった人物を推薦させ試験を行った。

だがこの制度は次第に世襲の貴族たちの制度へと変化する。社会が安定し、固定化すると、地方の豪族の発言力が増し、地方官たちも彼らを無視し得なくなる。そして中央に推薦する人材も有力者たちの子弟に限られるようになり、広く人材を求める制度が変質する。

魏晋《ぎしん》の時代にできた九品官人法《きゅうひんかんじんほう》という制度は、推薦する人物に等級をつけて推薦する制度であるが、「上品に寒門なし、下品《かひん》に勢族なし」といわれるように高い等級の者は全て有力な貴族であり、六朝《りくちょう》の貴族の特権を支える制度であった。

推薦制をなくし、平等に試験によって採用されるようになるのは、隋《ずい》・唐に始まり、宋《そう》・明《みん》・清《しん》と完備される科挙によってである。

［一三］孫康《そんこう》は雪《ゆき》に書物《しよもつ》を照《て》らし、車胤《しやいん》は蛍《ほたる》を集《あつ》めて灯《ともしび》とし勉強《べんきよう》した

孫氏世録《そんしせろく》に曰《いわ》く、康《こう》、家貧《いえまず》しくして油無《あぶらな》し。常《つね》に雪《ゆき》に映《えい》じて書《しよ》を読《よ》む。少《しよう》小《しよう》より清介《せいかい》、交遊雑《こうゆうざつ》ならず。後《のち》に御史大夫《ぎよしたいふ》に至《いた》る。

『孫氏世録』にいう。康は家が貧しくて油がなかったので、いつも雪明かりに照らして書物を読んだ。若いころより潔癖で、だれとでもつきあうということはしなかった。のちに御史大夫にまでなった。

晋《しん》（書《じよ》）。車胤字《しやいんあざな》は武子《ぶし》、南平《なんぺい》の人《ひと》なり。恭勤倦《きようきんう》まず、博覧多通《はくらんたつう》。家貧《いえまず》しくして常《つね》には油《あぶら》を得《え》ず。夏月《かげつ》には則《すなわ》ち練嚢《れんのう》に数十《すうじゆう》の蛍火《けいか》を盛《も》り以《もつ》て書《しよ》を照《て》らし、夜《よ》を以《もつ》て日《ひ》に継《つ》ぐ。桓温《かんおん》、荊州《けいしゆう》に在《あ》り、辟《め》して従事《じゆうじ》と為《な》す。義理《ぎり》を弁識《べんしき》する

を以《もっ》て、深《ふか》く之《これ》を重《おも》んず。稍《ようや》く征西長史《せいせいちょうし》に遷《うつ》り、遂《つい》に朝廷《ちょうてい》に顕《あらわ》る。時《とき》に武子《ぶし》と呉隠之《ごいんし》と、寒素《かんそ》博学《はくがく》を以《もっ》て、名《な》を世《よ》に知《し》らる。又賞会《またしょうかい》に善《よ》し。当時《とうじ》、盛坐《せいざ》有《あ》りて武子《ぶし》在《あ》らざる毎《ごと》に、皆云《みない》う、「車公無《しゃこうな》くんば、楽《たの》しからず。」吏部尚書《りぶしょうしょ》に終《お》う。

『晋（書）』。車胤は字《あざな》を武子といい、南平郡の人である。謙虚に努力しておこたることがなく、あらゆる書物を読み多くのことに通じていた。家が貧しくいつも油が手に入るというわけにはいかなかった。夏であれば練り絹の袋に数十匹の蛍を入れて書物を照らし、夜を日に継いで読んだ。桓温は荊州に在任中、召し出して従事としたが、物事の筋道を見きわめ認識していたので、深く尊重した。しだいに昇進して征西長史となり、かくて朝廷で認められるようになった。当時、彼と呉隠之とは清貧と博学によって、世に名を知られた。また彼は士人の談論飲酒の会での応対が上手で、当時大きな宴があって武子がいない時は、いつも皆が「車公がいないと、楽しくない。」と言った。吏部尚書の官で亡くなった。

蛍の光、窓の雪

有名な「蛍の光、窓の雪」の話です。この二つの話を並べてしるすのは、『文選』巻三八所載の梁・任昉《じんぼう》の『蕭揚州《しょうようしゅう》の為《ため》に士《し》を薦《すす》むる表《ひょう》』の「蛍《ほたる》を集《あつ》め雪《ゆき》に映《えい》ず」がおそらくもっとも古いでしょう。その李善注は、蛍の出典として、宋の檀道鸞《だんどうらん》の『続晋陽秋』を、雪の出典として『孫氏世録』を引きます。

魏晋より六朝にかけては、家柄を尊ぶ時代でした。したがって自分の家の歴史をしるした「家伝」、先祖の偉人をしるした「別伝」の類が数多く書かれました。『孫氏世録』はそのような家伝の一つです。徐子光は『文選』の注から引用したと思われますが、「無レ油」「少小」「後至二御史大夫一」の三つの語句が李善注にないので、あるいは別に基づくところがあったのかもしれません。

これら二つの話は、任昉の表文にしるすことからすれば、当時皆が知っていたものと思われます。ただ、蛍の話がすでに失われた書物にしかのっていないのは意外で、日本人はこの話を、最初は『文選』の李善注から、後世ではこの『蒙求』によって皆が知るようになったと思われます。

◆孫康映レ雪、車胤聚レ蛍

孫氏世録曰、康家貧無レ油。常映レ雪読レ書。少小清介、交遊不レ雑。後至二御史大夫一。晋。車胤字武子、南平人。恭勤不レ倦、博覧多通。家貧不二常得一レ油。夏月則練囊盛二数十蛍火一以照レ書、以レ夜継レ日焉。桓温在二荊州一、辟為二従事一。以レ弁二識義理一、深重レ之。稍遷二征西長史一、遂顕二於朝廷一。時武子与二呉隠之一、以二寒素博学一、知二名于世一。又善二於賞会一。当時毎下有二盛坐一而武子不上レ在、皆云、「無二車公一、不レ楽。」終二吏部尚書一。

【一四】顔叔子《がんしゅくし》は寡婦《かふ》との嫌疑《けんぎ》を避《さ》け、宋弘《そうこう》は妻《つま》を想《おも》い帝《みかど》の姉《あね》を振《ふ》った

毛公詩伝《もうこうしでん》に曰《いわ》く、昔者《むかし》顔叔子《がんしゅくし》独《ひと》り室《しつ》に処《お》り、隣人《りんじん》の釐婦《りふ》、又独《またひと》り室《しつ》に処《お》る。夜暴《よるにわか》に風雨《ふうう》至《いた》りて室壊《しつこわ》る。婦人趨《ふじんはし》りて至《いた》る。叔子之《しゅくしこれ》を納《おさ》めて、燭《しょく》を執《と》らしめ旦《たん》に放《いた》る。而《しこ》うして蒸《たきぎ》尽《つ》くれば屋《おく》を縮《ぬ》いて之《これ》に継《つ》ぐ。自《みずか》ら以為《おも》えらく嫌《けん》を辟《さ》くること審《つまび》らかならず。若《も》し其《そ》れ審《つまび》らかにするならば、宜《よろ》しく魯人《ろひと》の若《ごと》く然《しか》るべし。魯《ろ》に男子《だんし》有《あ》り、独《ひと》り室《しつ》に処《お》る。隣人《りんじん》の釐婦《りふ》、又独《またひと》り室《しつ》に処《お》る。夜《よる》暴《にわか》に風雨《ふうう》至《いた》りて室壊《しつこわ》る。婦人趨《ふじんはし》りて之《これ》に託《たく》す。男子《だんし》戸《と》を閉《と》じて納《おさ》めず。曰《いわ》く、「吾之《われこれ》を聞《き》く、男女六十《だんじょろくじゅう》ならざれば、間《まじ》わり居《お》らず、と。今子《いまし》幼《わか》し、吾亦幼《われまたわか》し。以《もっ》て子《し》を納《おさ》むる可《べ》からず。」婦人曰《ふじんいわ》く、「子何《しなん》ぞ柳下恵《りゅうかけい》の若《ごと》く然《しか》らざる。不逮門《ふたいもん》の女《おんな》を嫗《あたた》め、国人乱《こくじんらん》を称《しょう》さず。」男子曰《だんしいわ》く、「柳下恵《りゅうかけい》は固《もと》より可《か》なり。

吾《われ》は固《もと》より不可《ふか》なり。吾将《われは》た吾《わ》が不可《ふか》を以《もっ》て、柳下恵《りゅうかけい》の可《か》を学《まな》ばんや。」孔《こう》子《し》曰《いわ》く、「柳下恵《りゅうかけい》を学《まな》ばんと欲《ほっ》する者《もの》、未《いま》だ是《これ》に似《に》ること有《あ》らざる也《なり》。」

毛公の『詩伝』にいう。昔、顔叔子はひとりで暮らしており、隣家の寡婦《かふ》もやはりひとりで暮らしていた。夜中に突然雨風が起こって家がこわれ、婦人はあわてて逃げてきた。叔子は彼女を受けいれたが、明け方まで燭を手にもたせ、麻がらがなくなると、天井の棟木を引き抜いてつぎ足した。それでも自分ではあらぬ疑いをさけるには不十分だと思っていた。もし十分な条件となると、魯の人のようにするのが適当である。魯に男がいて、ひとりで暮らしていた。隣家の寡婦もやはりひとりで暮らしていた。夜中に突然雨風が起こって家がこわれ、婦人はあわてて彼のもとに身を寄せようとした。男は戸を閉ざして入れずに、言った。「わたしは聞いているが、男と女は六十にならなければ、いっしょにいない、とか。今あなたは若いし、わたしも若い。あなたを入れるわけにはいかない。」婦人、「あなたはどうして柳下恵のようになさらないのです。不逮門の女を抱いて暖めてやっても、国の人はみだらと言いませんでした。」男、「柳下恵ならば当然許される。わたしならば当然許されない。わたしは、自分に許されないことなのに、柳下恵にとって許されることを真似しようか。」孔子は言う。「柳下恵を学ぼうとしている者も、同じ態度をとれる者はいなかった。」

後漢《ごかん》（書《じょ》）。宋弘《そうこう》字《あざな》は仲子《ちゅうし》、京兆長安《けいちょうちょうあん》の人《ひと》なり。光武《こうぶ》位《くらい》に即《つ》き、大司空《だいしくう》と為《な》る。時《とき》に帝《てい》の姉《あね》胡陽公主《こようこうしゅ》新《あら》たに寡《か》なり。帝与《ていとも》に共《とも》に朝臣《ちょうしん》を論《ろん》じ、其《そ》の意《い》を微《び》観《かん》す。主曰《しゅいわ》く、「宋公《そうこう》の威容徳器《いようとくき》、群臣及《ぐんしんおよ》ぶ莫《な》し。」帝曰《ていいわ》く、「方《まさ》に且《か》つ之《これ》を図《はか》らん。」後引見《のちいんけん》す。帝《てい》、主《しゅ》をして屏風《へいふう》の後《うし》ろに坐《ざ》せしむ。因《よ》りて弘《こう》に謂《い》いて曰《いわ》く、「諺《げん》に言《い》う、貴《とうと》くして交《まじ》わりを易《か》え、富《と》みて妻《つま》を易《か》う、と。人情《にんじょう》なる乎《か》。」弘曰《こういわ》く、「臣聞《しんき》く、貧賤《ひんせん》の交《まじ》わりは忘《わす》る可《べ》からず、糟糠《そうこう》の妻《つま》は堂《どう》より下《くだ》さず、と。」帝《てい》、主《しゅ》を顧《かえりみ》て曰《いわ》く、「事諧《ことかな》わず。」弘《こう》、得《う》る所《ところ》の租奉《そほう》、九族《きゅうぞく》に分贍《ぶんせん》し、家《いえ》に資産《しさん》無《な》し。清行《せいこう》を以《もっ》て称《しょう》を致《いた》す。推進《すいしん》する所《ところ》の賢士《けんし》、桓梁《かんりょう》など三十余人《さんじゆうよにん》、或《ある》いは相及《あいつ》いで公卿《こうけい》と為《な》る者《もの》あり。

『後漢（書）』。宋弘は字《あざな》を仲子といい、京兆《けいちょう》の長安県の人である。光武帝が位につくと、大司空となった。当時、帝の姉の胡陽公主は夫を失ったばかりだった。帝は彼女と朝臣たちについて語り合い、その気持ちをそれとなく観察した。公主、「宋公の威厳ある容姿、道徳的資質は、群臣におよぶ者がありません。」帝、「とにかくやってみよう。」その後目どおりさせた折、帝は公主をついたての後ろに座らせておき、宋弘に向かって言った。「ことわざに『貴くなれば友だちを変え、金持ちになれば妻を変える。』というが、人情であろうか。」宋弘、「臣《わたくし》は『貧賤であった時の友人は忘れてはいけないし、貧しいなかで苦労を共にした妻は大切にする。』と聞いておりますが。」帝は公主の方をふり向いて言った。「事はうまくいかなかったよ。」宋弘はもらった俸給を、親族皆に分け与えてやり、家には財産がなく、清潔な行為によって称賛を博した。推薦した優れた士人、桓梁ら三十余人のうちには、公卿の位に昇る者が相継いだ。

男女のけじめと夫婦の愛

男女、夫婦の間の話です。

毛公の『詩伝』は、古代における礼のきびしさと、現実生活のなかでその礼をどう適応するかという問題をあつかいます。儒家の教えは、人間関係の倫理を中心にすえ、それを社会全体に拡げることによって、倫理的世界を作りあげようとするのですが、特に男女の間の区別・けじめについてはきびしいものでした。それは人間関係の基礎を父子・夫婦といった家族関係におくからで、男女の間の乱れは社会の根本をゆるがすことになるからです。男と女の間では、直接に物を受け渡すことも禁じられているほどです。『孟子』に、淳于髡《じゅんうこん》が「男女《だんじょ》の授受親《じゅじゅした》しくせざるは礼《れい》なるか。」と孟子に聞き「礼也《れいなり》。」という答えを得てから、「嫂《あによめ》溺《おぼ》るれば則《すなわ》ち之《これ》を援《たす》くるに手《て》を以《もっ》てするか。」とただすのは、厳格な杓子定規の礼の適用から起こる問題点を鋭くついたものです。嫂との間に起こる嫌疑は特にさけなければならない。それではおぼれている時にも手を伸ばして助けてやらないのか。孟子はそれを「権」すなわち非常手段として認めています。原則は原則として、非常事態の場合は臨機応変の対応も許されます。顔叔子と柳下恵の態度は、やむを得ない対応ですが、二人の相違は、嫌疑をさけるために涙ぐましい努力をしながらなお不十分な男と、そのようなことは眼中になくても誰も疑わない達人とのちがいです。魯の男子は顔叔子の態度すらとりません。非常の場合ではありますが生き死にに関係ないからでしょう。この『詩伝』の文章は三者の態度をいずれも否定してはいません。

宋弘は後漢王朝成立前の混乱期を生きぬいて、光武帝が即位するとすぐ大臣となりました。それだけに夫婦でいっしょに苦労した過去を大切にする気持ち、自分をささえてくれた妻への感謝の思いが強かったのでしょう。その清潔、誠実な人柄と相まって、後に「糟糠《そうこう》の妻」ということばとして残る発言を行わせています。光武帝が彼の意思を尊重したのも、同じ時代に生きた人間としての共感があったからにちがいありません。

◆顔叔秉レ燭、宋弘不レ諧

毛公詩伝曰、昔者顔叔子独処二于室一、隣人釐婦、又独処二于室一。夜暴風雨至而室壊。婦人趨而至。叔子納レ之、而使レ執レ燭放二乎旦一、而蒸尽縮レ屋而継レ之。自以為辟レ嫌之不レ審矣。若其審者、宜下若二魯人一然上。魯有二男子一、独処二于室一。隣人釐婦、又独処二于室一。夜暴風雨至而室壊。婦人趨而託レ之。男子閉レ戸而不レ納。曰、「吾聞レ之、男女不二六十一、不二間居一。今子幼、吾亦幼。不レ可二以納一レ子。」婦人曰、「子何不下若二柳下恵一然上。

嫗二不逮門之女一、国人不レ称レ乱。」男子曰、「柳下恵固可。吾固不可。吾将以二吾不可一学二柳下恵之可一。」孔子曰、「欲レ学二柳下恵一者、未レ有レ似二於是一也。」

後漢。宋弘字仲子、京兆長安人。光武即レ位、為二大司空一。時帝姉胡陽公主新寡。帝与共論二朝臣一、微二観其意一。主曰、「宋公威容徳器、群臣莫レ及。」帝曰、「方且図レ之。」後引見。帝令三主坐二屏風後一。因謂レ弘曰、「諺言、貴易レ交、富易レ妻。人情乎。」弘曰、「臣聞貧賤之交不レ可レ忘、糟糠之妻不レ下レ堂。」帝顧レ主曰、「事不レ諧矣。」弘所レ得祖奉、分二贍九族一、家無二資産一。以二清行一致レ称。所二推進一賢士、桓梁三十余人、或相及為二公卿一者。

後漢（劉氏）

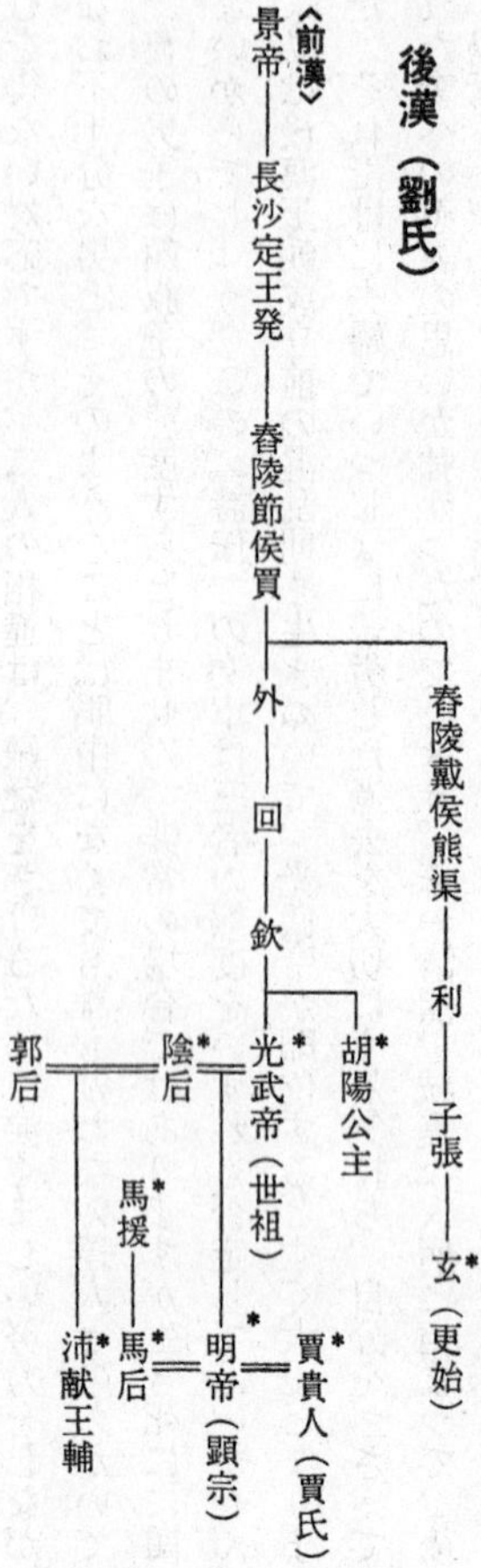

［一五］程邈《ていばく》は隷書《れいしょ》の書体《しょたい》を作《つく》り、史籀《しちゅう》は大篆《だいてん》の書体《しょたい》を作《つく》った

前漢《ぜんかん》（書《じょ》）芸文志《げいもんし》に曰《いわ》く、史籀篇者《しちゅうへんは》、周《しゅう》の時《とき》の史官《しかん》、学童《がくどう》に教《おし》うる書也《しょなり》。孔《こう》氏壁中《しへきちゅう》の古文《こぶん》と体《たい》を異《こと》にす。又曰《またいわ》く、秦《しん》の時《とき》、始《はじ》めて隷書《れいしょ》を造《つく》る。官獄《かんごく》多事《たじ》、苟《いやし》くも省易《しょうえき》に趣《おもむ》き、之《これ》を徒隷《とれい》に施《ほどこ》すことに起《お》こる也《なり》。

『前漢（書）』芸文志にいう。『史籀篇《しちゅう》』というのは、周の時代の史官が学童に教えた書物である。孔氏の壁のなかから出てきた古文とは字体を異にする。またいう。秦の時代にはじめて隷書が作られた。官庁や裁判所の事務が多いため、ともかく簡便さの方向をとり、それを下級役人に使わせる必要から起こったのである。

晋《しん》（書《じょ》）。衛恒《えいこう》、草《そう》・隷書《れいしょ》を善《よ》くす。字勢《じせい》を為《つく》りて曰《いわ》く、昔《むかし》、周《しゅう》の宣王《せんおう》の時《とき》、

史籀《しちゆう》始《はじ》めて大篆十五篇《だいてんじゆうごへん》を著《あらわ》す。或《ある》いは古《いにしえ》と同《おな》じく、或《ある》いは古《いにしえ》と異《こと》なる。世之《よこれ》を籀書《ちゆうしよ》と謂《い》う。或《ある》いは曰《いわ》く、秦《しん》の時《とき》、下杜《かと》の人程邈《ひとていばく》、衙獄《がごく》の吏《り》と為《な》り、罪《つみ》を得《え》て雲陽《うんよう》に幽繫《ゆうけい》せらるること十年《じゆうねん》。獄中《ごくちゆう》より大篆《だいてん》の少《すく》なき者《もの》は増益《ぞうえき》し、多《おお》き者《もの》は損減《そんげん》し、方《ほう》なる者《もの》は円《えん》ならしめ、円《えん》なる者《もの》は方《ほう》ならしむるを作《つく》る。之《これ》を始皇《しこう》に奏《そう》し、始皇之《しこうこれ》を善《よ》みす。出《い》だして以《もつ》て御史《ぎよし》と為《な》し、書《しよ》を定《さだ》めしむ。或《ある》いは曰《いわ》く、邈《ばく》が定《さだ》むる所《ところ》は、乃《すなわ》ち隷字也《れいじなり》。秦《しん》、古文《こぶん》を壊《やぶ》りてより、八体《はったい》有《あ》り。一《いち》に曰《いわ》く大篆《だいてん》、二《に》に曰《いわ》く小篆《しようてん》、三《さん》に曰《いわ》く刻符《こくふ》、四《し》に曰《いわ》く虫書《ちゆうしよ》、五《ご》に曰《いわ》く摹印《ぼいん》、六《ろく》に曰《いわ》く署書《しよしよ》、七《しち》に曰《いわ》く殳書《しゆしよ》、八《はち》に曰《いわ》く隷書《れいしよ》。恒字《こうあざな》は巨山《きよざん》。黄門郎《こうもんろう》と為《な》る。父瓘《ちちかん》と同《とも》に害《がい》に遇《あ》う。

『晋（書）』。衛恒は草書・隷書が上手であったが、『字勢』を作って言っている。昔、周の宣王の時代、史籀がはじめて『大篆』十五篇を著した。古い字体と同じものもあり、異なるものもあるが、世間ではそれを籀書とよんだ。ある人はいう。

秦の時代、下杜《かと》の人程邈《ていばく》は県の獄吏となったが、罪にかかって雲陽の獄に十年間つながれた。獄中から、大篆の画数の少ない字は多くし、多い字は少なくし、四角い字は丸味をつけ、円い字は角ばらせて、それを始皇帝に上奏した。始皇帝はそれをよみして、獄から出して御史にとりたて、文字を制定させた。ある人はいう。邈が制定したのが、隷書である。秦が古文を破壊してから、八つの字体があることになった。一が大篆、二が小篆、三が刻符（割符に用いる字体）、四が虫書（旗に用いる字体）、五が摹印《ぼいん》（印に用いる字体）、六が署書（門に書かれる字体）、七が殳書《しゆしよ》（武器に記される字体）、八が隷書である。衛恒は字《あざな》を巨山という。黄門郎となった。父の瓘《かん》とともに殺された。

❖　❖　❖　❖

古代の文字

字体の変遷について述べたものです。後漢の時代に作られた最初の部首別字典『説文解字』の叙に書かれている記事をもとに説明しましょう。古代の天子黄帝の時代に、史官倉頡《そうけつ》が文字を創始します。周の宣王の時代、史官の籀によって『大篆』十五篇（『漢書』芸文志によれば『史籀』十五篇）が作られます。古代の文字を改定したもので、「大篆」あるいは「古文」といわれます（清の段玉裁《だんぎよくさい》の説では、古文は大篆のなかにふくまれる）。秦の始皇帝が天下を統一すると、李斯《りし》が『倉頡篇』、趙高《ちようこう》が『爰歴篇《えんれき》』、胡毋敬《こぶけい》が『博学篇』を作りましたが、いずれも「大篆」を改定、簡略化したもので、「小篆」とよばれます。全国に郡県制をしき、膨大な事務をかかえた秦は、「小篆」をさらに簡約にして隷書を創始します。その作者が程邈です。したがって始皇帝の前と後とでは、書物の字体がまったく異なることになります。焚書《ふんしよ》（始皇帝が思想統一のために行なった政策で、儒家を始め統一の邪魔になる書物を没収して焼きはらった。）によって失われた書物が、漢代になって学者たちの記憶に頼って復元されますが、その字体と、のちに現れる隠し持っていた焚書以前の書物の字体とは異なっていました。いわゆる今文（新しい文字）と古文（古い字体）の二つのテキストと、それに伴う解釈学上の問題が起こりました。さらに漢代になって、「草書」が起こります。衛恒の『四体書勢』が、「古文」「篆書」「隷書」「草書」に分けるのも、この四種の字体を基本的なものと考えたからです。なお、刻符から殳書までの字体は、日本における相撲の番付表のように、用途によって特殊な字体が使用されたことを示すものです。

◆程邈隷書、史籀大篆

前漢芸文志曰、史籀篇者、周時史官教㆓学童㆒書也。与㆓孔氏壁中古文㆒異㆑体。　又曰、秦時始造㆓隷書㆒。起㆘於官獄多事、苟趣㆓省易㆒、施㆗之於徒隷㆖也。

晋。衛恒善㆓草・隷書㆒。為㆓字勢㆒曰、昔周宣王時、史籀始著㆓大篆十五篇㆒。或与㆑古同、或与㆑古異。世謂㆓之籀書㆒。或曰、秦時下杜人程邈、為㆓衙獄吏㆒、得㆑罪幽㆓繫雲陽㆒十年。従㆓獄中㆒作㆓大篆少者増益、多者損減、方者使㆑円、円者使㆑方。奏㆓之始皇㆒、始皇善㆑之。出以為㆓御史㆒、使㆑定㆑書。或曰、邈所㆑定、乃隷字也。自㆔秦壊㆓古文㆒、有㆓八体㆒。一曰大篆、二曰小篆、三曰刻符、四曰虫書、五曰摹印、六曰署書、七曰殳書、八曰隷書。

恒字巨山。為㆓黄門郎㆒。与㆓父瓘㆒同遇㆑害。

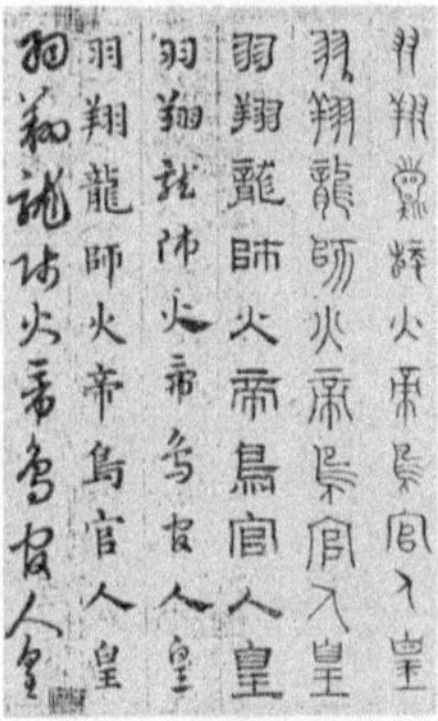

元の大書家趙孟頫《ちょうもうふ》が書いたといわれる「六体千字文」。右から大篆・小篆・隷書・章草（後漢時代に流行した草書の一種）・楷書・草書。

［一六］王充《おうじゆう》は立《た》ち読《よ》みして勉強《べんきよう》し、董仲舒《とうちゆうじよ》は部屋《へや》に籠《こ》もって教《おし》えた

後漢《ごかん》（書《じよ》）。王充字《おうじゆうあざな》は仲任《ちゆうじん》、会稽上虞《かいけいじようぐ》の人《ひと》なり。家貧《いえまず》しくして書無《しよな》し。常《つね》に洛陽《らくよう》の市肆《しし》に遊《あそ》び、売《う》る所《ところ》の書《しよ》を閲《えつ》し、一見輒《いつけんすなわ》ち能《よ》く誦憶《しようおく》す。遂《つい》に博《ひろ》く衆《しゆう》流百家《りゆうひやつか》の言《げん》に通《つう》ず。郡《ぐん》に仕《つか》えて功曹《こうそう》と為《な》る。充《じゆう》、論説《ろんせつ》を好《この》む。始《はじ》めは詭異《きい》の若《ごと》きも、終《お》わりは理実《りじつ》有《あ》り。以為《おも》えらく俗儒文《ぞくじゆぶん》を守《まも》り、其《そ》の真《しん》を失《うしな》うこと多《おお》し、と。及《すなわ》ち門《もん》を閉《と》ざし思《おも》いを潜《ひそ》め、慶弔《けいちよう》の礼《れい》を絶《た》つ。戸牖牆壁《こゆうしようへき》、各《おのおの》刀《とう》筆《ひつ》を置《お》く。論衡八十五篇《ろんこうはちじゆうごへん》を著《あらわ》し、物類《ぶつるい》の同異《どうい》を釈《しやく》し、時俗《じぞく》の嫌疑《けんぎ》を正《ただ》す。刺《し》史辟《しめ》して従事《じゆうじ》と為《な》し、治中《ちちゆう》に転《てん》じ、自《みずか》ら免《めん》じて家《いえ》に還《かえ》る。粛宗《しゆくそう》、公車《こうしや》に詔《みことのり》して徴《め》すも、行《い》かず。

『後漢（書）』。王充は字《あざな》を仲任といい、会稽郡上虞県の人である。家が貧しく書

物がなかった。いつも洛陽の市場にある店に出かけ、売っている書物に目を通し、一見するだけですぐに暗誦することができた。かくてひろく諸子百家の言に通じるようになった。会稽郡に仕えて功曹（書物を扱う役人）となった。王充は議論が好きで、最初は奇抜にみえるようでも、最後には道理・事実に帰着した。世俗の儒者は過去の解釈を守るだけで真実を見失っている場合が多いと考えた。そこで門を閉ざしひたすら思考をめぐらし、慶弔の礼も絶ってしまった。戸・窓・壁にはそれぞれ筆記用具をおいておき、『論衡』八十五篇を著し、事物の同異を解釈し、世俗の疑いを正した。刺史に召し出されて従事に任じられ、治中に転任したが、辞職して家に帰った。粛宗（章帝）が公車に詔勅を下して召し出させたが、出頭しなかった。

前漢《ぜんかん》（書《じょ》）。董仲舒《とうちゅうじょ》は広川《こうせん》の人《ひと》なり。少《わか》くして春秋《しゅんじゅう》を治《おさ》む。孝景《こうけい》の時《とき》、博士《はくし》と為《な》り、帷《い》を下《くだ》して講誦《こうしょう》す。弟子《ていし》伝《つた》うるに久次《きゅうじ》を以《もつ》て業《ぎょう》を相授《あいさず》け、或《ある》いは其《そ》の面《めん》を見《み》る莫《な》し。蓋《けだ》し三年園《さんねんえん》を窺《うかが》わず。其《そ》の精此《せいか》くの如《ごと》し。進退容止《しんたいようし》、礼《れい》に非《あら》ざれば行《おこな》わず。学士皆師《がくしみなし》として之《これ》を尊《とうと》ぶ。武帝《ぶてい》の時《とき》、賢良《けんりょう》に挙《あ》げられ対策《たいさく》す。江都《こうと》の相《しょう》と為《な》り、易王《いおう》に事《つか》う。王《おう》は帝《てい》の兄《あに》、素《もと》より驕《きょう》にして勇《ゆう》を好《この》む。仲舒《ちゅうじょ》、礼誼《れいぎ》を以《もっ》て正《ただ》し、王敬重《おうけいちょう》す。国《くに》を治《おさ》むるに春秋災異《しゅんじゅうさいい》の変《へん》を以《もっ》てし、陰陽《いんよう》の錯行《さくこう》する所以《ゆえん》を推《お》す。雨《あめ》を求《もと》むれば、諸陽《しょよう》を閉《ど》じ、諸陰《しょいん》を縦《はな》つ。其《そ》の雨《あめ》を止《とど》むるは是《これ》に反《はん》す。之《これ》を行《おこな》いて欲《ほっ》する所《ところ》を得《う》。公孫弘《こうそんこう》春秋《しゅんじゅう》を治《おさ》めて、仲舒《ちゅうじょ》に如《し》かず。世《よ》を希《み》て事《こと》を用《もち》い、位公卿《くらいこうけい》に至《いた》る。仲舒《ちゅうじょ》、弘《こう》を以《もっ》て従諛《しょうゆ》と為《な》す。弘之《こうこれ》を嫉《にく》み、乃《すなわ》ち之《これ》を上《しょう》に言《い》い、膠西王《こうせいおう》に相《しょう》たらしむ。王《おう》も亦帝《またてい》の兄《あに》、尤《もっと》も縦恣《しょうし》なるも、仲舒《ちゅうじょ》が大儒《たいじゅ》なるを聞《き》き、善《よ》く之《これ》を待《ま》つ。凡《およ》そ両国《りょうこく》の驕主《きょうしゅ》に相《しょう》とし、身《み》を正《ただ》し以《もっ》て下《した》を率《ひき》い、数《しばしば》上疏諫争《じょうそかんそう》し、国中《くにじゅう》に教令《きょうれい》す。居《お》る所《ところ》にして治《おさ》まる。位《くらい》を去《さ》るに及《およ》び、家《いえ》の産業《さんぎょう》を問《と》わず、学《がく》を修《おさ》め書《しょ》を著《あらわ》すを以《もっ》て事《こと》と為《な》す。朝廷《ちょうてい》に大議《たいぎ》有《あ》らば、使者《ししゃ》をして就《つ》きて之《これ》を問《と》わしむ。其《そ》の対皆明《たいみなめい》法有《ほうあ》り。魏其《ぎき》・武安侯《ぶあんこう》相《しょう》と為《な》りて儒《じゅ》を隆《さか》んにし、及《およ》び仲舒《ちゅうじょ》の対冊《たいさく》自《よ》り、孔氏《こうし》を推明《すいめい》し、百家《ひゃっか》を抑黜《よくちゅつ》す。学校《がっこう》の官《かん》を立《た》て、州郡《しゅうぐん》の茂才《もさい》・孝廉《こうれん》を挙《あ》ぐるは、皆《みな》仲舒《ちゅうじょ》自り之《これ》を発《はっ》す。寿《じゅ》を以《もっ》て家《いえ》に終《お》わる。茂陵《もりょう》に徙《うつ》り、子《こ》及《およ》び孫《まご》皆《みな》大官《だいかん》に至《いた》る。

『前漢（書）』。董仲舒は広川県の人である。若くして春秋学を治め、孝景帝の時代に博士となった。帷《とばり》を下《お》ろして講義を行った。弟子たちはそのことばを伝え合い、古い年次の者が新しい学生に教えたが、なかには彼の顔を見たことのない者もいた。三年間ほど庭をのぞき見ることもなかった。彼の精励ぶりはそれほどだった。立居ふるまい、すべて礼にかなっていなければ行わず、学生たちは皆彼を師として尊敬した。武帝の時代、賢良として推挙され、詔問に答えた。江都の相となり易王に仕えた。易王は武帝の兄にあたり、平素からわがままで勇ましいことが好きだった。仲舒は礼と道義によって正し、王は彼を尊重した。江都国を治めるのに、自然の異変に対する対応を説く春秋学を用い、陰と陽が季節によって交代してめぐる状態を推し測って対処した。例えば雨を求める場合、種々の陽を閉ざし陰を開放する、雨を止める場合はその逆にするのである。このようなことを行って望む結果をもたらした。公孫弘は『春秋』の学を修め、学問では仲舒におよばなかったが、社会の動向をみながら行動して、位は公卿にまで昇った。仲舒は、公孫弘が阿諛《あゆ》迎合(機嫌をとりへつらうこと)していると考えた。公孫弘は彼をねたみ、帝に言上して膠西王の相とした。膠西王もまた帝の兄で、とりわけ気ままな人間だったが、仲舒が大儒だと聞いて、よくもてなした。併せて二つの国の驕慢《きようまん》な君主に相として仕えたが、わが身を正して下の者を統率し、たびたび上奏文をたてまつってきびしくいさめ、国中に教化をほどこしたので、在任地はいずれもよく治まった。官位を去ったのち、家の生活を気にかけず、学問と著述に専念した。朝廷で重大な論議があると、使者を彼のもとに派遣して意見を聞いたが、その答えはすべて明確な方針をもっていた。魏其侯・武安侯が宰相となって儒学を尊重したことと、仲舒の対策文があったことから、漢は孔子の学問を重んじ明らかにし、諸子百家の説を抑え退けることになったのである。学校の官を立て、州・郡から茂才・孝廉を推挙させたのは、すべて仲舒の発議からである。天寿をまっとうして家で亡くなった。家族は茂陵に移住し、子と孫は皆高官に昇った。

❖❖❖❖

一流学者の勉学ぶり

後世にまで著作が伝えられ、高い評価をうけた二人の学者についての話です。

王充は後漢の思想家として、その合理的思考が近年特に評価をうけています。その著書は、『論衡』八十四篇として現存します。二七―九七?。

董仲舒《とうちゅうじょ》は前漢の儒学者。『春秋繁露』十七巻八十二篇が現存します。当時の社会にあって大きな影響を与え、儒学の興隆にあずかって力のあった公孫弘の曲学阿世ぶりとの対比によって、董仲舒の碩学《せきがく》は浮き彫りにされます。同じく弟子に教えるのでも、後漢の馬融《ばゆう》は赤いカーテンを張り、前に弟子をおいて講義をし、後に女楽を並べていたといいます。美男子として有名だった馬融の人柄を示す話ですが、董仲舒の謹厳とはあまりにもちがいます。生没年は前一七九―前一〇四。

◆王充閲㆑市、董生下㆑帷

後漢。王充字仲任、会稽上虞人。家貧無㆑書。常遊㆓洛陽市肆㆒、閲㆓所㆑売書㆒、一見輒能誦憶。遂博通㆓衆流百家之言㆒。仕㆑郡為㆓功曹㆒。充好㆓論説㆒。始若㆓詭異㆒、終有㆓理実㆒。以為俗儒守レ文、多レ失二其真一。乃閉レ門潜レ思、絶二慶弔之礼一。戸牖牆壁、各置二刀筆一。著二論衡八十五篇一、釈二物類同異一、正二時俗嫌疑一。刺史辟為二従事一、転二治中一、自免還レ家。粛宗詔二公車一徴、不レ行。

前漢。董仲舒広川人。少治二春秋一。孝景時、為二博士一、下レ帷講誦。弟子伝以二久次一相二授業一、或莫レ見二其面一。蓋三年不レ窺レ園。其精如レ此。進退容止、非レ礼不レ行。学士皆師尊レ之。武帝時、挙二賢良一対策。為二江都相一、事二易王一。王帝兄、素驕好レ勇。仲舒以二礼誼一正、王敬重焉。治レ国以二春秋災異之変一、推二陰陽所二以錯行一。求レ雨、閉二諸陽一、縦二諸陰一。其止レ雨反レ是。行レ之得レ所レ欲。公孫弘治二春秋一、不レ如二仲舒一。希レ世用レ事、位至二公卿一。仲舒以レ弘為二従諛一。弘嫉レ之、乃言二之於上一、使レ相二膠西王一。王亦帝兄、尤縦恣、聞二仲舒大儒一、善待レ之。凡相二両国驕主一、正レ身以率レ下、数上疏諫争、教二令国中一。所レ居而治。及レ去レ位、不レ問二家産業一、以二修レ学著一レ書為レ事。朝廷有二大議一、使二使者就問一レ之。其対皆有二明法一。自二魏其・武安侯為レ相而隆レ儒、及仲舒対冊一、推二明孔氏一、抑二黜百家一。立二学校之官一、州郡挙二茂才・孝廉一、皆自二仲舒一発レ之。以レ寿終レ家。徙二茂陵一、子及孫皆至二大官一。

［一七］最後《さいご》まで異民族《いみんぞく》に屈《くつ》しなかった蘇武《そぶ》と鄭衆《ていしゅう》

前漢《ぜんかん》（書《じょ》）。蘇武《そぶ》字《あざな》は子卿《しけい》、杜陵《とりょう》の人《ひと》なり。武帝《ぶてい》の時《とき》、中郎将《ちゅうろうしょう》を以《もっ》て節《せつ》を持《じ》し匈奴《きょうど》に使《つか》いす。単于《ぜんう》之《これ》を降《くだ》さんと欲《ほっ》す。迺《すなわ》ち武《ぶ》を幽《ゆう》し、大窖《だいこう》の中《うち》に置《お》き、絶《た》えて飲食《いんしょく》せしめず。天雪《てんゆき》を雨《ふ》らす。武《ぶ》、臥《が》して雪《ゆき》を齧《か》み、旃毛《せんもう》と幷《あわ》せて之《これ》を咽《の》む。数日《すうじつ》死《し》せず。匈奴《きょうど》以《もっ》て神《しん》と為《な》す。乃《すなわ》ち武《ぶ》を北海《ほっかい》の上《ほとり》に徙《うつ》し、羝《てい》を牧《ぼく》せしむ。羝乳《ていにゅう》せば、乃《すなわ》ち帰《かえ》るを得《え》ん、と。武《ぶ》、漢節《かんせつ》を杖《つえ》つきて羊《ひつじ》を牧《ぼく》す。臥《が》起操持《きそうじ》し、節旄《せつぼう》尽《ことごと》く落《お》つ。昭帝《しょうてい》立《た》つ。匈奴《きょうど》、漢《かん》と和親《わしん》す。漢《かん》、武等《ぶら》を求《もと》む。匈奴《きょうど》、武《ぶ》死《し》すと詭《いつわ》り言《い》う。常恵《じょうけい》、漢《かん》の使者《ししゃ》に言《い》わしむ。「天子《てんし》、上林中《じょうりんちゅう》に射《い》て雁《がん》を得《う》、足《あし》に帛書《はくしょ》を係《つな》ぐ有《あ》りて、某沢《ぼうたく》の中《うち》に在《あ》りと言《い》う。」と。是《これ》に由《よ》り還《かえ》るを得《う》。拝《はい》して典属国《てんぞくこく》と為《な》す。秩《ちつ》は中二千石《ちゅうにせんせき》。銭二百万《せんにひゃくまん》、公田二頃《こうでんにけい》、宅一《たくいっ》区《く》を賜《たま》う。武《ぶ》、匈奴《きょうど》に留《とど》まること十九歳《じゅうきゅうさい》。始《はじ》め強壮《きょうそう》を以《もっ》て出《い》で、還《かえ》るに及《およ》びて鬚髪《しゅはつ》尽《ことごと》く白《しろ》し。宣帝《せんてい》の時《とき》に至《いた》り、武《ぶ》が節《せつ》を著《あらわ》す老臣《ろうしん》なるを以《もっ》て、朔望《さくぼう》に朝《ちょう》せしめ、号《ごう》して祭酒《さいしゅ》と称《しょう》す。年八十余《としはちじゅうよ》にして卒《しゅっ》す。後《のち》麒麟閣《きりんかく》に図《ず》画《が》し、其《そ》の形貌《けいぼう》に法《のっと》り、其《そ》の官爵姓名《かんしゃくせいめい》を署《しょ》す。

『前漢（書）』。蘇武は字《あざな》を子卿といい、杜陵の人である。武帝の時代、中郎将として使者の旗を手に匈奴におもむいた。単于《ぜんう》は彼を降伏させようとした。そこで蘇武を捕らえ大きなあなぐらのなかに閉じこめ、外との連絡を断ちきって飲食を与えなかった。天から雪が降った。蘇武は横になったまま雪をかじり敷物の毛といっしょに飲みこんだ。数日たっても死ななかったので、匈奴は神助があると思いこんだ。そこで蘇武を北海（バイカル湖）のほとりに移し、牡《お》羊を飼わせた。牡羊が子を生めば、帰してやるとのことだった。蘇武は漢の旗を杖つきながら羊を飼った。いつも旗をはなさず、旗についていた飾りはすっかり脱落した。昭帝が立つと、匈奴は漢と講和した。漢は蘇武らの返還を要求したが、匈奴は、蘇武は死んだとごまかした。常恵（蘇武の副官だった男）が漢の使者に教えて、「天子は上林苑で雁《がん》を射落とされたが、雁の足に絹の手紙が結ばれていて、ある沼沢地にいると書いてあった。」と言わせた。その結果、帰ることができた。典属国（服属した異民族を扱う官）に任命され、中二千石の禄（大臣クラスの禄）が与えられ、銭二百万・公田二頃・宅地一区画が賜与された。蘇武は匈奴に十九年間留置されたが、最初出発する時は血気ざかりであったのが、帰って来た時には髪も鬚《ひげ》もまっ白であった。宣帝の時代になると、蘇武が節義を示した老臣であることから、一日と十五日に参内させるだけでよいとし、祭酒の称号を与えた。年八十余で亡くなった。のちに麒麟閣《きりんかく》に彼の姿形どおりに図像が描かれ、その官爵と姓名がしるされた。

後漢《ごかん》（書《じょ》）。鄭衆字《ていしゅうあざな》は仲師《ちゅうし》、河南開封《かなんかいふう》の人《ひと》なり。学《がく》に精力《せいりょく》し、名《な》を世《よ》に知《し》らる。永平《えいへい》の初《はじ》め、明経《めいけい》を以《もっ》て給事中《きゅうじちゅう》たり。八年《はちねん》、衆《しゅう》を遣《つか》わし節《せつ》を持《じ》し匈奴《きょうど》に使《つか》いせしむ。衆《しゅう》、北庭《ほくてい》に至《いた》る。虜《りょ》、拝《はい》せしめんと欲《ほっ》す。衆《しゅう》、屈《くっ》を為《な》さず。単《ぜん》于《う》大《おお》いに怒《いか》り、囲《い》守《しゅ》して之《これ》を閉《と》じ、水火《すいか》を与《あた》えず、脅服《きょうふく》せんと欲《ほっ》す。衆《しゅう》、刀《かたな》を抜《ぬ》きて自《みずか》ら誓《ちか》う。単于《ぜんう》恐《おそ》れて止《とど》む。後《のち》復《ま》た衆《しゅう》を遣《つか》わす。衆《しゅう》言《い》う、「臣《しん》、前《さき》に使《つか》いを奉《ほう》じ、匈奴《きょうど》の為《ため》に拝《はい》せず。単于《ぜんう》恚恨《けいこん》し、兵《へい》を遣《つか》わし臣《しん》を囲《かこ》む。今《いま》復た命《めい》を銜《ふく》まば、必《かなら》ず陵折《りょうせつ》せられん。臣《しん》誠《まこと》に大漢《だいかん》の節《せつ》を持《じ》して氈裘《せんきゅう》に対《たい》し独《ひと》り拝《はい》するに忍《しの》びず。」帝《てい》聴《ゆる》さず。衆《しゅう》既《すで》に行《ゆ》きて路《みち》に在《あ》り。連《しき》りに上書《じょうしょ》し固《かた》く争《あらそ》う。詔《みことのり》して追還《ついかん》し廷尉《ていい》に繋《つな》ぐ。赦《しゃ》に会《あ》いて家《いえ》に帰《かえ》る。後《のち》帝《てい》匈奴《きょうど》より来《きた》る者《もの》を見《み》、衆《しゅう》の単于《ぜんう》と礼《れい》を争《あらそ》うの状《じょう》を問《と》う。皆《みな》言《い》う、「衆《しゅう》、意気《いき》壮勇《そうゆう》、蘇武《そぶ》と雖《いえ》ども過《す》ぎず。」復《ま》た召《め》して軍司馬《ぐんしば》と為《な》す。大司農《だいしのう》に終《お》わる。

『後漢（書）』。鄭衆《ていしゅう》は字《あざな》を仲師といい、河南郡開封県の人である。学問に精励し、世間に名を知られるようになった。永平の初年（五八）経学に明らかなことから給事中に任命された。八年（六五）鄭衆に使者の旗を持たせ匈奴への使者として派遣した。鄭衆が匈奴の領域に着くと、匈奴は拝礼させようとした。鄭衆は腰を曲げようとしなかった。単于は激怒して宿舎をとり囲んで閉じこめ、水火を絶ち、脅して屈服させようとした。鄭衆が刀を抜いて死ぬ覚悟を示したので、単于は懸念して包囲を解いた。のちにふたたび鄭衆を派遣することになったが、鄭衆は言上した。「臣《わたくし》は先に使者をおおせつけられました時、匈奴に対して拝礼しませんでした。単于はそれをうらんで軍兵に臣を囲ませました。今ふたたびご命令をうけたまわるとなると、必ず侮辱をうけることになりましょう。臣は本当に大漢のみ旗を手にしながら、遊牧民に対して拝礼するに忍びません。」（明）帝は聞きいれなかった。鄭衆は出発したが、途中で何度も上書してあくまでも辞退した。詔勅が下り、連れもどされて廷尉の獄につながれた。たまたま恩赦があり平民となった。のちに帝は匈奴から来た者と会い、鄭衆が単于と礼について争った様子を質問した。皆、「鄭衆の意気がさかんで勇気あるさまは、蘇武でも彼以上でなかったであろう。」と述べた。ふたたび召し出されて軍司馬となり、大司農の官で亡くなった。

❖　❖　❖　❖

異民族に屈服しなかった男

漢民族と北方・西方の遊牧民族とは、長い歴史を通じてほとんどつねに緊張関係にあったといってよいでしょう。時には漢が遠征軍を派遣して自己の勢力範囲のなかにとりこみ、時には遊牧民族の力が強大になり、侵入して征服王朝を打ち建てました。したがって、古代よりその緊張関係を示す話が数多く伝わっています。匈奴がどの種族に属するか、いろいろ説があって明確ではありませんが、前漢初めに最強となり、高祖も苦汁を飲まされました。以後力は弱まりますが、依然として漢にとっての脅威でした。武帝は衛青《えいせい》・霍去病《かくきよへい》などの有能な将軍を起用して優位に立ち、西方への道シルクロードを確保しますが、決定的な勝利を得られず、以後も微妙な関係がつづいていました。

蘇武は、漢と匈奴が互いに相手の使者を拘束し合うという状況のなかで、武帝の前一〇〇年匈奴におもむき、匈奴の地で十九年間の苦難に耐えぬき、昭帝の前八一年春、都長安に帰って来ました。その精神力はのちのちまで称賛されています。雁が手紙を運ぶ鳥とされるのは、この話に基づくのです。

鄭衆は学者として名をなした人物で、『春秋左氏伝』を父の興から学び、『易』と『詩』に通じていました。官学が活力を失う一方で、鄭衆のような学者が多くの経書を学び、業績をあげたのです。今その書は残っていませんが、鄭玄《じょうげん》などの書物に彼の説は引用されています。学者でしたが、単に学問に優れているだけでなく、鄭衆の気骨が示されていると言ってよいでしょう。

◆蘇武持レ節、鄭衆不レ拝

前漢。蘇武字子卿、杜陵人。武帝時、以二中郎将一持レ節使二匈奴一。単于欲レ降レ之。迺幽レ武、置二大窖中一、絶不二飲食一。天雨レ雪。武臥齧レ雪、与二旃毛一并咽レ之。数日不レ死。匈奴以為レ神。乃徙二武北海上一、使レ牧レ羝。羝乳、乃得レ帰。武杖二漢節一牧レ羊。臥起操持、節旄尽落。昭帝立。匈奴与レ漢和親。漢求二武等一。匈奴詭二言武死一。常恵教二漢使者言一。「天子射二上林中一得レ雁、足有レ係二帛書一、言レ在二某沢中一。」由レ是得レ還。拝為二典属国一、秩中二千石。賜二銭二百万、公田二頃、宅一区一。武留二匈奴一十九歳。始以二強壮一出、及レ還鬚髪尽白。至二宣帝時一、以二武著レ節老臣一、令レ朝二朔望一、号称二祭酒一。年八十余卒。後図二画於麒麟閣一、法二其形貌一、署二其官爵姓名一。

後漢。鄭衆字仲師、河南開封人。精二力於学一、知二名於世一。永平初、以二明経一給事中。八年、遣レ衆持レ節使二匈奴一。衆至二北庭一。虜欲レ令レ拝。衆不レ為レ屈。単于大怒、囲守閉レ之。不レ与二水火一、欲二脅服一。衆抜レ刀自誓。単于恐而止。後復遣レ衆。衆言、「臣前奉レ使、不下為二匈奴一拝上。単于恚恨、遣レ兵囲レ臣。今復銜レ命、必見二陵折一。臣誠不レ忍下持二大漢節一対二氈裘一独拝上。」帝不レ聴。衆既行在レ路。連上書固争。詔追還繫二廷尉一。会レ赦帰レ家。後帝見二匈奴来者一、問下衆与二単于一争レ礼之状上。皆言、「衆意気壮勇、雖二蘇武一不レ過。」復召為二軍司馬一。終二大司農一。

◆周辺民族とシルクロード

中国はその地理的状況のため、孤立して発展したように見えるが、実際には周辺諸国・諸民族との交流が絶えなかった。特に西方・北方の遊牧民族との関係は中国の歴史に大きな影響を与え続けた。秦《しん》の始皇帝の陵墓の近くで発見された兵馬《へいば》俑坑《ようこう》にはそれぞれ顔の異なった二メートル前後の兵士たちが居並ぶが、その多くは少数民族の顔をしている。秦は彼らを軍団に入れることによって天下を征服した。

前漢の成立以後、遊牧国家匈奴《きょうど》との間が一気に緊張する。当時、最盛期を迎えていた匈奴と戦い高祖は敗北する。高祖の死後、呂后《りょこう》は匈奴の冒頓単于《ぼくとつぜんう》の侮辱的な書簡にただ頭を下げ、莫大《ばくだい》な贈り物をするだけであった。受け身の匈奴対策が一変するのは第七代の武帝によってである。武帝は力の弱まった匈奴に対して有能な将軍を起用して攻勢をかけ、西方への交易路を確保する。いわゆるシルクロードが初めて中国の支配下に置かれる。それ以前から、オアシスの諸国家・諸部族を仲介とする交易がなされていたと思われるが、正式に国家が関与することとなり、中国はこの交易路を保持するために努力する。

遊牧民族の力が強くなり、漢民族の国家が弱体化すると、単に交易路を失うだけでなく、固有の領土をも奪われることとなる。西晋王朝は五胡十六国の侵入により、南方、今の南京に都を遷《うつ》し、南北朝の時代となる。シルクロードの奪回は隋《ずい》・唐の時代を待たなければならなくなるが、しかし交通が完全に途絶えることはなかった。

[一八] 緑珠《りよくしゆ》は愚《おろ》かな主人《しゆじん》の犠牲《ぎせい》となり、文君《ぶんくん》は夫《おっと》を助《たす》けて働《はたら》いた

晋書《しんじよ》。石崇字《せきすうあざな》は季倫《きりん》、渤海南皮《ぼつかいなんひ》の人《ひと》なり。衛尉《えいい》に拝《はい》す。妓有《ぎあ》り緑珠《りよくしゆ》と曰《い》う。美《び》にして艶《えん》、善《よ》く笛《ふえ》を吹《ふ》く。中書令孫秀《ちゆうしよれいそんしゆう》、人《ひと》をして之《これ》を求《もと》めしむ。崇《すう》、時《とき》に金谷《きんこく》の別館《べつかん》に在《あ》り。方《まさ》に涼台《りようだい》に登《のぼ》り、清流《せいりゆう》に臨《のぞ》み、婦人《ふじん》側《かたわ》らに侍《じ》す。使者《ししや》以《もつ》て告《つ》ぐ。崇《すう》尽《ことごと》く其《そ》の婢妾数十人《ひしようすうじゆうにん》を出《い》だし以《もつ》て之《これ》に示《しめ》す。皆蘭麝《みならんじや》に蘊《つつ》み、羅《ら》縠《こく》を被《き》る。曰《いわ》く、「択《えら》ぶ所《ところ》に在《あ》り。」使者曰《ししやいわ》く、「命《めい》を受《う》け緑珠《りよくしゆ》を指《さ》し索《もと》むるも、孰《いず》れか是《これ》なるを識《し》らず。」崇《すう》、勃然《ぼつぜん》として曰《いわ》く、「緑珠《りよくしゆ》は、吾《われ》の愛《あい》する所《ところ》。得可《うべ》からざる也《なり》。」秀怒《しゆういか》り、乃《すなわ》ち趙王倫《ちようおうりん》に崇《すう》を誅《ちゆう》せんことを勧《すす》む。遂《つい》に詔《みことのり》を矯《いつわ》り之《これ》を収《おさ》む。崇《すう》、正《まさ》に楼上《ろうじよう》に宴《えん》す。介士《かいし》、門《もん》に到《いた》る。崇《すう》、緑珠《りよくしゆ》に謂《い》いて曰《いわ》く、「我今爾《われいまなんじ》が為《ため》に罪《つみ》を得《う》。」緑珠泣《りよくしゆな》きて曰《いわ》く、「当《まさ》に死《し》を君《きみ》の前《まえ》に致《いた》すべ

し。」因《よ》りて自《みずか》ら楼下《ろうか》に投《とう》じて死《し》す。崇《すう》、東市《とうし》に詣《いた》る。嘆《たん》じて曰《いわ》く、「奴輩《どはい》、吾《わ》が家財《かざい》を利《り》す。」収《おさ》むる者曰《ものいわ》く、「財《ざい》の害《がい》を致《いた》すを知《し》らば、何《なん》ぞ早《はや》く之《これ》を散《さん》ぜざる。」崇《すう》、答《こた》うる能《あた》わず。遂《つい》に害《がい》を被《こうむ》る。

『晋書』。石崇は字《あざな》を季倫といい、渤海《ぼつかい》郡南皮《なんぴ》県の人である。衛尉に任命された。お抱えの妓女《ぎじょ》に緑珠という者がおり、美しくてあでやかであり、笛を吹くのが上手だった。中書令の孫秀が人をやって彼女を求めた。石崇はその時、金谷の別荘にいた。ちょうど涼やかな楼台に登り、清らかな流れを前にし、婦人たちはそばにはべっていた。使者がその意を告げると、石崇は侍女や愛人数十人を全部出して彼に見せた。彼女らは全員蘭麝《らんじゃ》の香りをただよわせ、うす絹のあやものを身につけている。石崇、「選ぶままに。」使者、「命令をうけて緑珠を探して来いとのことですが、どれが彼女なのかわかりません。」石崇はかっとなって、「緑珠は、わしのかわいがっている者だ。手に入れるわけにいかぬぞ。」孫秀は怒り、趙王倫に石崇を殺すように勧めた。かくて偽詔を出して彼を逮捕した。石崇はちょうど楼上で宴をもよおしていた。よろい武者が門に着いた。石崇が緑珠に向かって、「わしは今おまえのために罪を得たのだぞ。」と言うと、緑珠は泣きながら言った。「殿の前で死をささげましょう。」そこで自ら楼の下に身を投げて死んだ。石崇は東の市《いち》（処刑の場所）に着くと、嘆息して言った。「あいつらにわしの財産で得をさせるのか。」捕縛者が「財産が害を招くと知っているならば、どうして早いうちに分け与えなかったのか。」と言うと、石崇は返答できなかった。かくて殺された。

前漢《ぜんかん》（書《じょ》）。卓文君《たくぶんくん》は、蜀郡臨邛《しょくぐんりんきょう》の富人卓王孫《ふじんたくおうそん》の女《むすめ》なり。新《あら》たに寡《か》なり。音《おん》を好《この》む。司馬相如《しばしょうじょ》、客《きゃく》と其《そ》の家《いえ》に至《いた》る。酒酣《さけたけなわ》にして琴《こと》を鼓《ひ》き、而《しこ》うして琴《きん》心《しん》を以《もっ》て之《これ》に挑《いど》む。相如《しょうじょ》、車騎《しゃき》を従《したが》え、雍容閑雅《ようようかんが》甚《はなは》だ都《と》なり。文君竊《ぶんくんひそ》かに戸《と》より之《これ》を窺《うかが》い、心悦《こころよろこ》びて之《これ》を好《この》み、当《あ》たるを得《え》ざるを恐《おそ》るる也《なり》。夜《よる》、亡《に》げて相如《しょうじょ》に奔《はし》る。相如与《しょうじょとも》に馳《は》せて成都《せいと》に帰《かえ》る。家《いえ》は徒《ただし》四壁立《へきた》つのみ。王孫大《おうそんおお》いに怒《いか》る。文君之《ぶんくんこれ》を久《ひさ》しゅうして楽《たの》しまず。長卿《ちょうけい》に謂《い》いて曰《いわ》く、「第《た》だ倶《とも》に臨邛《りんきょう》に如《ゆ》かん。昆弟《こんてい》に従《よ》りて仮貸《かたい》せば、猶《な》お以《もつ》て生《せい》を為《な》すに足《た》らん。」乃《すなわ》ち臨邛《りんきよう》に之《ゆ》き、尽《ことごと》く車騎《しやき》を売《う》り、酒舎《しゆしや》を買《か》う。文君《ぶんくん》をして壚《ろ》に当《あ》たらしめ、相如《しようじよ》自《みずか》ら特鼻褌《とくびこん》を著《つ》け、庸保《ようほ》と雑作《ざつさく》し、器《き》を市中《しちゆう》に滌《あら》う。王孫之《おうそんこれ》を恥《は》じ、門《もん》を杜《と》じて出《い》でず。昆弟諸公《こんていしよこう》、更《こもごも》王孫《おうそん》に謂《い》いて曰《いわ》く、「一男両女《いちなんりようじよ》有《あ》り、足《た》らざる所《ところ》の者《もの》は、財《ざい》に非《あら》ざる也《なり》。今文君既《いまぶんくんすで》に身《み》を長卿《ちようけい》に失《うしな》う。長卿故《ちようけいもと》より倦游《けんゆう》す。貧《ひん》と雖《いえ》ども、其《そ》の人材依《じんざいよ》るに足《た》る也《なり》。」王孫《おうそん》、文君《ぶんくん》に僮百人《どうひやくにん》・銭百万《せんひやくまん》を分《わ》かち与《あた》う。成都《せいと》に帰《かえ》り、田宅《でんたく》を買《か》い、富人《ふじん》と為《な》る。之《これ》を久《ひさ》しゅうして蜀人楊得《しよくじんようとく》意《い》、狗監《こうかん》と為《な》り、武帝《ぶてい》に侍《じ》す。帝《てい》、子虚《しきよ》の賦《ふ》を読《よ》みて之《これ》を善《よみ》して曰《いわ》く、「朕《ちん》独《ひと》り此《こ》の人《ひと》と時《とき》を同《おな》じくすることを得《え》ざる哉《かな》。」得意曰《とくいいわ》く、「臣《しん》が邑人司馬相《ゆうじんしばしよう》如《じよ》、自《みずか》ら此《こ》の賦《ふ》を為《つく》ると言《い》う。」上驚《しようおどろ》き、召問《しようもん》し以《もつ》て郎《ろう》と為《な》す。

『前漢（書）』。卓文君は蜀郡臨邛《りんきよう》県の金持ち卓王孫の娘である。夫を亡くしたばかりで、音楽好きであった。司馬相如《しようじよ》は客とともにその家に行った。酒宴が佳境に入ると、琴の音に思いを寄せて彼女の心をかきたてた。相如は車騎を従え、おだやか、優雅であってなかなかの美男子だった。文君はこっそり戸のすきまからのぞき見て、心中気に入って好きになったが、いっしょになれないことが心配だったので、夜の間に相如のもとに逃げた。相如は二人で成都にはせ帰った。家はまわりに壁が立っているだけで、何もなかった。王孫は激怒した。文君はしばらくたってからいやになり、長卿（相如）に向かって言った。「ともかくごいっしょに臨邛にまいりましょう。兄弟から借金すれば、何とか生活することはできましょう。」そこで臨邛に行き、車騎をすべて売り払い、酒屋を買った。文君にカウンターで客の相手をさせ、相如自身はふんどしをつけ、雇い人といっしょに雑用をし、市場のなかで皿などを洗った。王孫はそれを恥じて、門を閉じたまま外に出ない。文君の兄弟や叔父《おじ》たちは代わる代わる王孫に対して言った。「一人の男の子と二人の娘があるだけで、不足しているのは財産ではありません。今、文君は長卿のものになってしまったのです。長卿はあきるほど勉強し、貧しいとはいえ、その才能は身を託するだけのものがあります。」王孫は、文君に召し使い百人・銭百万を分け与えた。二人は成都に帰り、田宅を買い、金持ちとなった。しばらくして、蜀の人楊得意が狗監《こうかん》として武帝に近侍した。帝は「子虚の賦」を読んで評価して言った。「朕《ちん》はこの作者と同じ時代に生まれあわせなかったのが残念じゃ。」得意が「臣《わたくし》と同郷の人司馬相如が、この賦を作ったと言っておりまず。」と言うと、帝はたいそうおどろき、召し出して郎とした。

❖　❖　❖　❖

女性の愛情と男の運命

二人の女性と、その相手となる男性の話ですが、いずれもその時代の特色、男女それぞれの人柄が示されていて興味ある話となっています。

西晋王朝は成立当初より、腐敗と混乱の様相を呈していました。そのなかに生きた官僚群もその影響をうけざるを得ません。石崇（二四九―三〇〇）は当時の人士のなかでももっともぜいたくな暮らしをしたことで有名で、その奢侈《しゃし》ぶりは『世説新語』汰侈篇《たいし》にしるされています。ろうそくで飯をたいたという話は、単にばかげたことですみますが、宴会で美人に酒をつがせてまわり、客が飲まないとその美人を斬り殺したという話は、貴族の堕落した姿を示しています。石崇の死は、人を人とも思わぬ当時の貴族社会のなかで起こった事件と言えるでしょう。

司馬相如が金持ちの娘卓文君と駆け落ちする話は、いかにも文人らしく、また美人の奥さんにカウンターで客をあしらわせ、自分はふんどし一つで皿洗いをするというのも、現代にもありそうでおもしろいですね。作品が文学好きの武帝の目にとまり出世しますが、石崇の時代のひ弱で不健康な社会と異なる、活気に満ちた豪放さが感じられると思います。なお『西京雑記』に、のちに司馬相如が茂陵の人の娘を愛人にしようとしたため、卓文君は「白頭吟」を作って夫と縁を切る姿勢を示し、相如が愛人を入れるのをやめたという話がのせられています。また『漢書』には、司馬相如が武帝の使者として雲南におもむく際に蜀を通り、卓王孫がもっと早く娘を相如のもとにやればよかったと反省し、娘に息子と同じだけの財産を分け与えたとしるしています。さらに、相如の死後、天子の使者に、卓文君は夫の残した上奏文を差し出しています。最後まで妻の助けが必要だったようです。

◆緑珠墜レ楼、文君当レ壚

晋書。石崇字季倫、渤海南皮人。拝二衛尉一。有レ妓曰二緑珠一。美而艶、善吹レ笛。中書令

孫秀使二人求一レ之。崇時在二金谷別館一。方登二涼台一、臨二清流一、婦人侍レ側。使者以告。崇尽出二其婢妾数十人一以示レ之。皆蘊二蘭麝一、被二羅縠一。曰、「在レ所レ択。」使者曰、「受レ命指三索緑珠一、不レ識二孰是一。」崇勃然曰、「緑珠、吾所レ愛。不レ可レ得也。」秀怒、乃勧二趙王倫誅一レ崇。遂矯レ詔収レ之。崇正宴二楼上一。介士到レ門。崇謂二緑珠一曰、「我今為レ爾得レ罪。」緑珠泣曰、「当レ致二死於君前一。」因自投二于楼下一而死。崇詣二東市一。嘆曰、「奴輩利二吾家財一。」収者曰、「知二財致一レ害、何不二早散一レ之。」崇不レ能レ答。遂被レ害。

前漢。卓文君、蜀郡臨邛富人卓王孫女。新寡。好レ音。司馬相如与レ客至二其家一。酒酣鼓レ琴、而以二琴心一挑レ之。相如従二車騎一、雍容閑雅甚都。文君窃従レ戸窺レ之、心悦而好之、恐レ不レ得レ当也。夜亡奔二相如一。相如与馳帰二成都一。家徒四壁立。王孫大怒。文君久レ之不レ楽。謂二長卿一曰、「第倶如二臨邛一。従二昆弟一仮貸、猶足二以為一レ生。」乃之二臨邛一、尽売二車騎一、買二酒舎一。令二文君当一レ壚、相如自著二特鼻褌一、与二庸保一雑作、滌二器於市中一。王孫恥レ之、杜レ門不レ出。昆弟諸公更謂二王孫一曰、「有二一男両女一、所レ不レ足者、非レ財也。今文君既失二身於長卿一。長卿故倦游。雖レ貧、其人材足レ依也。」王孫分二与文君僮百人・銭百万一。帰二成都一、買二田宅一、為二富人一。久レ之蜀人楊得意為二狗監一、侍二武帝一。帝読二子虚賦一而善レ之曰、「朕独不レ得下与二此人一同上時哉。」得意曰、「臣邑人司馬相如、自言レ為二此賦一。」上驚、召問以為レ郎。

[一九] 才能《さいのう》を見《み》いだされた諸葛亮《しょかつりょう》と韓信《かんしん》

蜀志《しょくし》。諸葛亮《しょかつりょう》、先主《せんしゅ》に相《しょう》たり。先主病篤《せんしゅやまいあつ》し。亮《りょう》を召《め》し、属《しょく》するに後事《こうじ》を以《もっ》てす。謂《い》いて曰《いわ》く、「君《きみ》が才《さい》は曹丕《そうひ》に十倍《じゅうばい》す。必《かなら》ず能《よ》く国《くに》を安《やす》んじ、終《つい》に大事《だいじ》を定《さだ》めん。若《も》し嗣子《しし》輔《たす》く可《べ》くんば、之《これ》を輔《たす》けよ。如《も》し其《そ》れ不才《ふさい》ならば、君《きみ》自《みずか》ら取《と》る可《べ》し。」亮涕泣《りょうていきゅう》して曰《いわ》く、「臣敢《しんあ》えて股肱《ここう》の力《ちから》を竭《つ》くし、忠貞《ちゅうてい》の節《せつ》を効《いた》し、之《これ》に継《つ》ぐに死《し》を以《もっ》てせん。」又詔《またみことのり》を為《つく》り後主《こうしゅ》に勅《ちょく》して曰《いわ》く、「汝《なんじ》、丞相《じょうしょう》と事《こと》に従《したが》い、之《これ》に事《つか》うること父《ちち》の如《ごと》くせよ。」是《これ》より事巨細《こときょさい》と無《な》く、皆亮《みなりょう》に決《けっ》す。嘗《かつ》て上疏《じょうそ》す。其《そ》の略《りゃく》に曰《いわ》く、「臣《しん》は本布衣《もとふい》にして、躬《み》ずから南陽《なんよう》に耕《こう》す。苟《いやし》くも性命《せいめい》を乱世《らんせい》に全《まっと》うせんとて、聞達《ぶんたつ》を諸侯《しょこう》に求《もと》めず。先帝《せんてい》、臣《しん》を以《もっ》て卑鄙《ひひ》とせず、猥《みだ》りに自《みずか》ら枉屈《おうくつ》し、三《み》たび臣《しん》を草廬《そうろ》の中《うち》に顧《かえり》み、臣《しん》に諮《はか》るに当世《とうせい》の事《こと》を以《もつ》てす。」後常《のちつね》に木牛流馬《もくぎゅうりゅうば》を以《もつ》て粮《りょう》を運《はこ》び、武功《ぶこう》の五丈原《ごじょうげん》に拠《よ》り、司馬《しば》宣王《せんおう》と、渭南《いなん》に対《たい》す。相持《あいじ》すること百余日《ひゃくよにち》、軍《ぐん》に卒《しゅっ》す。年五十四《としごじゅうし》。忠武侯《ちゅうぶこう》と諡《おくりな》す。亮《りょう》、巧思《こうし》に長《ちょう》ず。連弩《れんど》を損益《そんえき》し、木牛流馬《もくぎゅうりゅうば》、皆其《みなそ》の意《い》に出《い》ず。兵法《へいほう》を推演《すいえん》し、八陣図《はちじんず》を作《つく》る。咸其《みなそ》の要《よう》を得《え》たりと云《い》う。

『蜀志』。諸葛亮は先主（劉備）を丞相として補佐した。先主は重態におちいると、諸葛亮を〔都の成都から〕召し寄せ、後事を託した。彼に向かって言うには、「君の才能は曹丕《そうひ》（魏の文帝）に十倍する。必ずやよく国家を安定にみちびき、最後は天下統一の大事業を成しとげるであろう。もし嗣子に補佐する価値があるならば補佐してくれ。もし才能がないならば、君が自分でやるがよい。」諸葛亮は涙を流しながら言った。「臣《わたくし》は手足（臣下）としての力のかぎりを尽くし、忠良の節義をささげ、足らないところは死をもっておぎないます。」〔先主は〕さらに詔勅を下して後主（劉禅）をいましめた。「おまえは丞相とともに政治を行い、彼に父に対するように仕えよ。」それ以後、政治は大小となくすべて諸葛亮が決定した。上奏文をたてまつったことがあるが、一部をのせると、「臣はもともと平民として、南陽で農耕に従事しておりました。なんとかこの乱世のなかで生命をまっとうできたらと願い、諸侯に仕えて名声・出世を求めるつもりはありませんでした。先帝は臣を卑賤とさげすまれることなく、わざわざ身を屈して、三度も臣をあばらやのなかに訪れてくださり、臣に現在の問題について御相談なされました。」その後、つねに木牛流馬によって兵糧《ひょうろう》を運搬した。武功の五丈原《ごじょうげん》に根拠をおき、司馬宣王（司馬懿《い》）と渭南で対峙《たいじ》した。対峙すること百余日、軍中で亡くなった。五十四歳であった。忠武侯の諡号《しごう》をおくられた。諸葛亮は工夫の才に長じ、連発式石弓の改良、木牛流馬はすべて彼の考えから生まれたものである。兵法を拡大して八陣図を作ったが、すべて兵法の要点をつかんでいたという。

前漢《ぜんかん》（書《じょ》）。韓信《かんしん》は淮陰《わいいん》の人《ひと》なり。家貧《いえまず》しくして行《おこな》い無《な》し。推択《すいたく》せられて吏《り》と為《な》るを得《え》ず。後項羽《のちこうう》に属《ぞく》し、郎中《ろうじゅう》と為《な》る。数《しばしば》策《さく》を以《もつ》て羽《う》を干《おか》すも、羽《う》用《もち》いず。亡《に》げて漢《かん》に帰《き》す。漢王以《かんおうもつ》て治粟都尉《ちぞくとい》と為《な》す。上未《しょういま》だ之《これ》を奇《き》とせず。

数《しばしば》蕭何《しょうか》と語《かた》り、何《か》之《これ》を奇《き》とす。信《しん》、上《しょう》の用《もち》いざるを度《はか》り、即《すなわ》ち亡《に》ぐ。何《か》之《これ》を追《お》う。居《お》ること一二日《いちににち》、来《き》たり謁《えっ》す。上《しょう》罵《ののし》りて曰《いわ》く、「諸将《しょしょう》亡《に》ぐるもの十《じゅう》を以《もっ》て数《かぞ》う。公《こう》追《お》う所《ところ》無《な》し。信《しん》を追《お》うは詐《いつわり》也《なり》。」何《か》曰《いわ》く、「諸将《しょしょう》は得《え》易《やす》し。信《しん》の如《ごと》きに至《いた》りては、国士《こくし》無双《むそう》なり。王《おう》必《かなら》ず天下《てんか》を争《あらそ》わんと欲《ほっ》せば、信《しん》に非《あら》ずんば与《とも》に事《こと》を計《はか》る可《べ》き者《もの》無《な》し。」是《ここ》に於《おい》て日《ひ》を択《えら》びて斎戒《さいかい》し、壇場《だんじょう》を設《もう》け礼《れい》を具《そな》え、拝《はい》して大将《たいしょう》と為《な》す。諸軍《しょぐん》皆《みな》驚《おどろ》く。後《のち》楚《そ》王《おう》に封《ほう》ぜられ、下邳《かひ》に都《みやこ》す。反《はん》することを謀《はか》り、赦《ゆる》されて淮陰侯《わいいんこう》と為《な》る。卒《つい》に呂后《りょこう》の斬《き》る所《ところ》と為《な》る。

『前漢（書）』。韓信は淮陰《わいいん》の人である。家が貧しく品行が悪かったので、推薦されて官吏となることはできなかった。のちに項羽に属し、郎中となった。たびたび献策して項羽に認められようとしたが、項羽はその策を用いなかった。逃亡して漢に帰属し、漢王は治粟都尉《ちぞくとい》に任命した。漢王は彼を評価するにいたらなかったが、たびたび蕭何《しょうか》と語り合い、蕭何は彼を高く買った。韓信は漢王が用いてくれないだろうと忖度《そんたく》し、逃亡した。蕭何は彼を追いかけた。一、二日たち、蕭何がもどって来てお目どおりすると、漢王は罵倒《ばとう》して言った。「将校たちで逃亡した者は何十人かいるのに、君は一人も追いかけなかった。韓信を追ったというのはうそだ。」蕭何、「将校たちは手に入りやすい連中です。韓信のような人間となりますと、国家的人物で二人とおりません。王には必ず天下を争おうとお思いならば、韓信でなければ共に事を計れる者はありませんぞ。」その結果、吉日を選び斎戒し、土盛りをして壇をしつらえ、十分な礼をととのえ、大将に任命した。

諸軍は皆おどろいた。のちに楚王に封ぜられ、下邳《かひ》に都をおいたが、反乱を計画し、許されて淮陰侯となった。最後は呂后《りょこう》に斬られた。

❖ ❖ ❖ ❖

才能を見いだされて大きな仕事をした人物

国の運命をになった二人の人物について語っています。ともに彼らを見いだした鑑識眼のある者の存在が必要でした。諸葛亮の場合は、彼の出馬をうながすために三度劉備はそのいおりを訪れます。有名な「三顧の礼」です。この上奏文は魏討伐に赴く時、出されたもので、亮の心情を表すものとして、後世まで読まれ続けました。韓信の場合は、蕭何の助言により、礼をそなえて大将に任命されます。人才を見いだすことの難しさと、十分な待遇を与えて能力を発揮させることの難しさを、示していると言えましょう。諸葛亮は才能によって後事を託され、韓信は才能の故に警戒され殺されます。人柄の違いといえるでしょう。

◆諸葛顧レ廬、韓信升レ壇

蜀志。諸葛亮相二先主一。先主病篤。召レ亮、属以二後事一。謂曰、「君才十二倍曹丕一。必能安レ国、終定二大事一。若嗣子可レ輔、輔レ之。如其不才、君可二自取一。」亮涕泣曰、「臣敢竭二股肱之力一、効二忠貞之節一、継レ之以レ死。」又為レ詔勅二後主一曰、「汝与二丞相一従レ事、事レ之如レ父。」自レ是事無二巨細一、皆決二於亮一。嘗上疏。其略曰、「臣本布衣、躬耕二於南陽一。苟全二性命於乱世一、不レ求二聞達於諸侯一。先帝不三以レ臣卑鄙二、猥自枉屈、三顧二臣於草廬之中一、諮レ臣以二当世之事一。」後常以二木牛流馬一運レ粮、拠二武功五丈原一、与二司馬宣王一対二於渭南一。相持百余日、卒二于軍一。年五十四。諡二忠武侯一。亮長二於巧思一。損二益連弩一、木牛流馬、皆出二其意一。推二演兵法一、作二八陣図一。咸得二其要一云。

前漢。韓信淮陰人。家貧無レ行。不レ得二推択為一レ吏。後属二項羽一、為二郎中一。数以レ策干レ羽、羽弗レ用。亡帰レ漢。漢王以為二治粟都尉一。上未二之奇一。数与二蕭何一語、何奇レ之。信度二上不一レ用、即亡。何追レ之。居一二日、来謁。上罵曰、「諸将亡以レ十数。公無レ所レ追。追レ信詐也。」何曰、「諸将易レ得。至レ如レ信、国士無双。王必欲レ争二天下一、非レ信無下可二与計一レ事者上。」於レ是択レ日斎戒、設二壇場一具レ礼、拝為二大将一。諸軍皆驚。後封二楚王一、都二下邳一。謀レ反、赦為二淮陰侯一。卒為二呂后所一レ斬。

［二〇］筆《ふで》を発明《はつめい》した蒙恬《もうてん》、樹皮《じゆひ》などから紙《かみ》を発明《はつめい》した蔡倫《さいりん》

初学記《しよがつき》に云《い》う。博物志《はくぶつし》に、蒙恬筆《もうてんふで》を造《つく》る、と。又尚書中候《またしようしよちゆうこう》に、玄亀図《げんきず》を負《お》いて出《い》で、周公筆《しゆうこうふで》を援《と》り、時文《じぶん》を以《もつ》て之《これ》を写《うつ》す、と。曲礼《きよくらい》に云《い》う、史筆《しふで》を載《の》す、と。此《こ》れ則《すなわ》ち秦《しん》の前已《まえすで》に筆有《ふであ》り。蓋《けだ》し諸国或《しよこくある》いは未《いま》だ之《これ》を名《な》づけず、而《しこ》うして秦独《しんひと》り其《そ》の名《な》を得《う》。恬更《てんさら》に之《これ》が損益《そんえき》を為《な》す耳《のみ》。故《ゆえ》に説文《せつもん》に曰《いわ》く、楚之《そこれ》を聿《いつ》と謂《い》い、呉之《ごこれ》を不律《ふりつ》と謂《い》い、燕之《えんこれ》を払《ふつ》と謂《い》い、秦之《しんこれ》を筆《ひつ》と謂《い》う也《なり》。旧注《きゆうちゆう》 博物志《はくぶつし》を引《ひ》きて云《い》う、蒙恬《もうてん》、秦《しん》の将《しよう》と為《な》り、筆《ふで》を製《つく》ること此《こ》れ自《よ》り始《はじ》まる。今本之無《きんぽんこれな》し。

『初学記』にいう。『博物志』に「蒙恬《もうてん》が筆を作った。」とあり、また『尚書中候』に「黒い亀が図版を背負って出現し、周公は筆をとって当時の文字によって

それを写し取った。」とあり、『曲礼』に「史官は筆をのせてお供をする。」という。あとの二例からすれば、秦以前にすでに筆があったことになる。おそらく諸国ではまだ筆という名をつけていず、秦だけが筆と名づけており、蒙恬はそれを改良したにすぎないのであろう。それゆえ、『説文』に「楚ではそれを聿《いつ》といい、呉ではそれを不律といい、燕《えん》ではそれを払といい、秦ではそれを筆というのである。」としるす。 旧注に『博物志』を引用して「蒙恬は秦の将軍であったが、筆の製作は彼から始まった。」というが、今の『博物志』にはみえない。

後漢《ごかん》（書《じよ》）。宦者《かんじや》蔡倫《さいりん》字《あざな》は敬仲《けいちゆう》。和帝《わてい》の時《とき》、中常侍《ちゆうじようじ》に転《てん》じ、尚方《しようほう》の令《れい》を加《くわ》えられ、秘剣《ひけん》及《およ》び諸器械《しよきかい》を監作《かんさく》するに、精工堅密《せいこうけんみつ》ならざる莫《な》く、後世《こうせい》の法《ほう》と為《な》る。古《いにしえ》自《よ》り書契《しよけい》多《おお》く編《あ》むに竹簡《ちくかん》を以《もつ》てす。其《そ》の縑帛《けんぱく》を用《もち》うる者《もの》、之《これ》を謂《い》いて紙《し》と為《な》す。縑《けん》は貴《たか》くして簡《かん》は重《おも》し。並《なら》びに人《ひと》に便《べん》ならず。倫乃《りんすなわ》ち造意《ぞうい》し、樹膚《じゆふ》・麻頭《まとう》及《およ》び敝布《へいふ》・魚網《ぎよもう》を用《もち》い、以《もつ》て紙《し》を為《つく》り、之《これ》を奏上《そうじよう》す。帝其《ていそ》の能《のう》を善《よみ》す。是《これ》自《よ》り従《したが》い用《もち》いざる莫《な》し。故《ゆえ》に天下《てんか》咸蔡侯紙《みなさいこうし》と称《しよう》す。

『後漢（書）』。宦官《かんがん》の蔡倫《さいりん》は字《あざな》を敬仲という。和帝の時代、中常侍に転任となり、尚方令（宮中の御物制作所の長官）の役を加えられ、宮中で用いる刀剣や種々の器物・機械の製作をとりしきったが、すべて精密堅牢《けんろう》であり、のちの時代の模範となった。古代から文字は多く竹簡に書かれてつなぎ合わせてとじられていた。絹を用いた場合、それを紙といった。絹は高価だし竹簡は重い。どちらも使用する人にとって不便であった。倫はそこで創意・工夫し、樹木の皮、麻の切れ端、それに破れた布、魚の網を用いて紙を作り、それを献上した。和帝はその能力をほめた。それ以後、すべてにわたって使用されるようになった。そのため天下の人々はみなそれを「蔡侯紙」と称した。

蔡倫
（後漢時代の線描画）

❖　❖　❖　❖

筆と紙の発明

筆と紙の発明に関する話です。筆の製作はいつか定かではないのですが、秦が全国に郡県制をしき、官僚国家として多くの文書を必要としたことから、おそらくその時代に改良が加えられたものと思われます。「蒙恬筆を造る」は、そのことを象徴的にいったもので、小篆《しょうてん》・隷書といった新字体が同じころに作られたのと対応すると言ってよいでしょう。

紙の発明は、人類の文化史上、特筆すべきことですが、これも蔡倫によって安価で大量に、しかも実用に耐え得るものとして改良されたと考えられます。

◆蒙恬製レ筆、蔡倫造レ紙

初学記云、博物志、蒙恬造レ筆。又尚書中侯、玄亀負レ図出、周公援レ筆、以二時文一写レ之。曲礼云、史載レ筆。此則秦之前已有レ筆矣。蓋諸国或未二之名一、而秦独得二其名一。恬更為二之損益一耳。故説文曰、楚謂二之聿一、呉謂二之不律一、燕謂二之払一、秦謂二之筆一也。

旧注引二博物志一云、蒙恬為二秦将一、製レ筆自レ此始。今本無レ之。

後漢。宦者蔡倫字敬仲。和帝時、転二中常侍一、加二尚方令一、監一レ作秘剣及諸器械一、莫レ不二精工堅密一、為二後世法一。自レ古書契多編以二竹簡一。其用二縑帛一者、謂レ之為レ紙。縑貴而簡重。並不レ便二於人一。倫乃造意、用二樹膚・麻頭、及敝布・魚網一、以為レ紙、奏一レ上之二。帝善二其能一。自レ是莫レ不二従用一。故天下咸称二蔡侯紙一。

［二一］杜預《どよ》は『左伝《さでん》』に夢中《むちゅう》になり、張芝《ちょうし》は一心不乱《いっしんふらん》に草書《そうしょ》を極《きわ》めた

晋書《しんじょ》。杜預《どよ》字《あざな》は元凱《げんがい》。既《すで》に功《こう》を立《た》つるの後《のち》、従容《しょうよう》として事無《ことな》し。乃《すなわ》ち思《おも》いを経籍《けいせき》に耽《こ》らし、春秋左氏経伝集解《しゅんじゅうさしけいでんしっかい》を為《つく》る。又衆家《またしゅうか》の譜第《ふだい》を参考《さんこう》し、之《これ》を釈例《しゃくれい》と謂《い》う。又盟会図《まためいかいず》・春秋 長歴《しゅんじゅうちょうれき》を作《つく》り、一家《いっか》の学《がく》を備成《びせい》す。老《ろう》に比《いた》り乃《すなわ》ち成《な》る。又女記讃《またじょきさん》を撰《せん》す。当時《とうじ》の論者《ろんしゃ》、預《よ》を文義質直《ぶんぎしっちょく》と謂《い》うも、世人未《せじんいま》だ之《これ》を重《おも》んぜず。唯《た》だ秘書監摯虞《ひしょかんしぐ》之《これ》を賞《しょう》して曰《いわ》く、「左丘明本春 秋《さきゅうめいもとしゅんじゅう》の為《ため》に伝《でん》を作《つく》りて、左伝遂《さでんつい》に自《おのずか》ら孤行《ここう》す。釈例本《しゃくれいもと》、伝《でん》の為《ため》に設《もう》けて、発明《はつめい》する所《ところ》、何《なん》ぞ但《た》だ左伝《さでん》のみならん。故《ゆえ》に亦孤行《またここう》せん。」時《とき》に王済馬《おうせいうま》を相《み》ることを解《よ》くし、又甚《またはなは》だ之《これ》を愛《あい》す。而《しこ》うして和嶠頗《わきょうすこぶ》る聚斂《しゅうれん》す。預嘗《よかつ》て称《しょう》す、「済《せい》に馬癖有《ばへきあ》り、嶠《きょう》に財癖《ざいへき》有《あ》り。」武帝之《ぶていこれ》を聞《き》き、謂《い》いて曰《いわ》く、「卿《けい》に何《なん》の癖《へき》か有《あ》る。」対《こた》えて曰《いわ》く、「臣《しん》

は左《さ》伝癖《でんへき》有《あ》り。」司隷校尉《しれいこうい》、位特進《くらいとくしん》に終《お》わり、征南大将軍《せいなんだいしょうぐん》を贈《おく》らる。初《はじ》め預《よ》、後世《こうせい》の名《な》を為《な》すを好《この》む。常《つね》に言《い》う、「高岸谷《こうがんたに》と為《な》り、深谷陵《しんこくおか》と為《な》る。」石《いし》を刻《こく》して二碑《にひ》を為《つく》り、其《そ》の勲績《くんせき》を紀《しる》し、一《いち》は万山《ばんざん》の下《した》に沈《しず》め、一《いち》は峴山《けんざん》の上《うえ》に立《た》つ。曰《いわ》く、「焉《いず》くんぞ此《こ》の後陵谷《のちりょうこく》と為《な》らざることを知《し》らん乎《や》。」

『晋書』。杜預は字《あざな》を元凱《げんがい》という。〔呉滅亡の〕勲功を立てた後は、ゆったりと暮らし、することもなかった。そこで経籍の研究に専念し、『春秋左氏経伝集解』を書いた。また諸家の系図を参考にして作成したものを『釈例』と名づけ、また『盟会図』『春秋長歴』を作り、独自の学問を形成し、年老いて完成した。また『女記讃』を書いた。当時、批評家たちは杜預の解釈を素朴で素直だと評したが、世の人の尊重をうけるに至らなかった。ただ秘書監の摯虞《しぐ》だけは称賛して「左丘明は本来『春秋』のために『伝』を作ったのだが、『左伝』は結局、独立の書物として読まれるようになった。『釈例』も本来『伝』のために作られたのだが、明らかにしていることは、なにも『左伝』についてだけではない。それゆえこれも独立の書物として読まれるであろう。」と述べた。当時、王済は馬を見分けるのがうまく、またひじょうに馬好きであった。一方和嶠《わきょう》はずいぶんと金を集めていた。杜預はある時「済には馬癖があり、嶠には財癖がある。」と言ったところ、武帝がそれを聞いて「おん身には何の癖があるかね。」と尋ねた。答えていうには「臣《わたくし》には左伝癖がございます。」司隷校尉、位特進の地位にあって亡くなり、征南大将軍を追贈された。それより前、杜預は後世にまで名声を残したいと願っていた。つねに「高い崖《がけ》も谷となり、深い谷も丘となる。」と言っており、二つの石碑を作って自分の勲功を刻み、一つは万山の下に埋め、一つは峴山《けんざん》の上に立て、「どうしてこのあと丘となったり谷となったりしないとわかろう。」と言った。

後漢《ごかん》（書《じょ》）。張芝《ちょうし》字《あざな》は伯英《はくえい》、敦煌酒泉《とんこうしゅせん》の人《ひと》なり。草書《そうしょ》に善《よ》し。衛恒《えいこう》曰《いわ》く、章帝《しょうてい》の時《とき》、斉相杜度《せいしょうとたく》、善《よ》く篇《へん》を作《つく》ると号《ごう》す。後《のち》に崔瑗《さいえん》・崔寔《さいしょく》有《あ》り、亦《また》皆《みな》工《たくみ》なりと称《しょう》す。杜氏《とし》字《じ》を殺《さい》すること甚《はなは》だ安《やす》くして、書体《しょたい》微《すこ》しく瘦《や》す。崔氏《さいし》甚《はなは》だ筆勢《ひっせい》を得《え》て、結字《けつじ》小《ちい》さく疎《そ》なり。伯英《はくえい》因《よ》りて転《うた》た精《と》く甚《はなは》だ巧《たく》みなり。凡《およ》そ家《いえ》の衣帛《いはく》、必《かなら》ず書《しょ》して後之《のちこれ》を練《れん》す。池《いけ》に臨《のぞ》み書《しょ》を学《まな》び、池《ち》水《すい》尽《ことごと》く黒《くろ》し。筆《ふで》を下《くだ》せば必《かなら》ず楷則《かいそく》を為《な》し、匆匆草書《そうそうそうしょ》に暇《いとま》あらずと号《ごう》す。寸紙《すんし》も遺《のこ》されず。世《よ》尤《もっと》も其《そ》の書《しょ》を宝《ほう》とす。韋仲将《いちゅうしょう》 之《これ》を草《そう》聖《せい》と謂《い》う。

『後漢（書）』。張芝は字《あざな》を伯英といい、敦煌《とんこう》郡酒泉県の人である。草書に巧みであった。衛恒はいう。章帝の時代、斉の大臣杜《と》度《たく》は文字を書くのに巧みであった。その後、崔瑗《さいえん》・崔寔《しょく》父子もまたともに巧みだとたたえられた。杜氏は文字の略し方にははなはだ安定感があるが、

その肉はいささかやせすぎている。崔氏ははなはだ筆勢があるが、文字の構成が少し疎略である。張芝は彼らを手本としながらさらにこまやかで巧みである。家にある衣類や絹はすべて必ず書を書いたあと練った。池を前にして書のけいこをし、池の水はまっ黒になった。筆を下ろせば必ず楷書を書き、忙しくて草書を書く暇がないと称していた。字を書いたわずかな紙も、人が持って行って残っていなかった。世間ではその書をとりわけ尊重しており、韋誕（字仲将）は彼を草聖（草書の聖人）とよんだ。

❖❖❖❖

学問・芸術への熱中

杜預は「左伝」に、張芝は書に熱中しました。学問と芸術のちがいはあれ、その熱中は大きな成果を生んだのです。「左伝癖」の語は成果をあげる前の努力を示し、「草聖」は努力の後の結果を示します。なお、杜預は唐の大詩人杜甫の祖先であり、その「左伝」の注は高い評価を受けて現存しています。

◆元凱伝癖、伯英草聖

晋書。杜預字元凱。既立レ功之後、従容無レ事。乃耽二思経籍一、為二春秋左氏経伝集解一。又参二考衆家譜第一、謂二之釈例一。又作二盟会図・春秋長歴一、備二成一家之学一。比レ老乃成。又撰二女記讃一。当時論者、謂二預文義質直一、世人未二之重一。唯秘書監摯虞賞レ之曰、「左丘明本為二春秋一作レ伝、而左伝遂自孤行。釈例本為レ伝設、而所二発明一、何但左伝。故亦孤行。」時王済解レ相レ馬、又甚愛レ之。而和嶠頗聚斂。預嘗称、「済有二馬癖一、嶠有二財癖一。」武帝聞レ之、謂曰、「卿有二何癖一。」対曰、「臣有二左伝癖一。」終二司隷校尉、位特進一、贈二征南大将軍一。初預好レ為二後世名一。常言、「高岸為レ谷、深谷為レ陵。」刻レ石為二二碑一、紀二其勲績一、一沈二万山之下一、一立二峴山之上一。曰、「焉知二此後不一レ為二陵谷一乎。」

後漢。張芝字伯英、敦煌酒泉人。善二草書一。衛恒曰、章帝時、斉相杜度、号二善作一レ篇。後有二崔瑗・崔寔一、亦皆称レ工。杜氏殺レ字甚安、而書体微痩。崔氏甚得二筆勢一、而結字小疎。伯英因而転精甚巧。凡家之衣帛、必書而後練レ之。臨レ池学レ書、池水尽黒。下レ筆必為二楷則一、号二怱怱不一レ暇二草書一。寸紙不レ見レ遺。世尤宝二其書一。韋仲将謂二之草聖一。

［二二］軟弱《なんじやく》な天子《てんし》劉玄《りゆうげん》と、生《う》まれつき暗愚《あんぐ》だった晋《しん》の恵帝《けいてい》

後漢《ごかん》（書《じよ》）。劉玄《りゆうげん》字《あざな》は聖公《せいこう》、光武《こうぶ》の族兄《ぞくけい》なり。王莽の末《すえ》、平林《へいりん》の陳牧《ちんぼく》等《ら》衆《しゆう》を聚《あつ》め、平林《へいりん》の兵《へい》と号《ごう》す。聖公《せいこう》往《ゆ》きて之《これ》に従《したが》う。莽《もう》の軍《ぐん》を破《やぶ》るに及《およ》び、聖公《せいこう》を号《ごう》して更始将軍《こうししようぐん》と為《な》す。衆《しゆう》多《おお》しと雖《いえ》ども、統一《とういつ》する所無《ところな》し。遂《つい》に共《とも》に更始《こうし》を立《た》て天子《てんし》と為《な》す。更始《こうし》、帝位《ていい》に即《つ》き、南面《なんめん》して群臣《ぐんしん》を朝《ちよう》せしむ。素《もと》より懦《だ》弱《じやく》にして、羞愧《しゆうき》して汗《あせ》を流《なが》し、手《て》を挙《あ》げて言《い》うこと能《あた》わず。初《はじ》めて入《い》りて宛《えん》城《じよう》に都《みやこ》す。時《とき》に漢兵《かんぺい》、王莽《おうもう》を誅《ちゆう》し、首《くび》を伝《でん》して宛《えん》に詣《いた》り、市《いち》に懸《か》く。遂《つい》に北《きた》のかた洛陽《らくよう》に都《みやこ》し、後長安《のちちようあん》に遷《うつ》る。初《はじ》め莽《もう》の敗《やぶ》るるとき、惟《た》だ未央宮《びおうきゆう》のみ焚《や》かれ、余《よ》の宮館《きゆうかん》は毀《こわ》るる所無《ところな》し。官府《かんぷ》市里《しり》、旧《きゆう》を改《あらた》めず。更始《こうし》既《すで》に至《いた》り、長《ちよう》楽宮《らくきゆう》に居《お》り、前殿《ぜんでん》に升《のぼ》る。郎吏《ろうり》、次《じ》を以《もつ》て庭中《ていちゆう》に列《れつ》す。更始《こうし》羞作《しゆうさく》し、首《こうべ》を俛《ふ》し席《せき》を刮《な》で、敢《あ》えて視《み》ず。後《のち》に赤眉《せきび》の賊《ぞく》、関《かん》に入《い》り、殺《ころ》さる。

『後漢（書）』。劉玄は字《あざな》を聖公といい、光武帝の族兄にあたる。王莽《おうもう》の末年、平林の陳牧らが軍勢を集め、平林の兵と号した時、聖公はそのもとにはせ参じた。王莽の軍を破ると、聖公に更始将軍の称号を名のらせた。軍勢は多かったけれども、一つにまとめる者がなかった。かくて皆で更始将軍を立てて天子とした。更始は帝位につくと、南面して座し群臣に目どおりさせたが、もともと柔弱だったから、気おくれがして汗を流し、手をあげるだけでことばを発することができなかった。最初宛《えん》城に入って都とした。その時、漢の兵は王莽を殺し、首を宛まで送って寄こし、市場につるした。かくて北に向かい洛陽に都し、のちに長安に遷都した。その前、王莽が敗れた時、未央《びおう》宮だけが火災にあい、他の宮殿で破壊されたものはなく、官庁・市場も昔どおりだった。更始帝は到着したのち、長楽宮に居住し、前殿に登ると、郎吏たちは順序に従って広場に並んでいた。更始は気おくれして赤くなり、うつむいて敷物をさするだけで、思いきって見ることもできなかった。のちに赤眉の賊が関中に入り、殺された。

晋《しん》（書《じょ》）。恵帝《けいてい》初《はじ》め太子《たいし》為《た》りしとき、朝廷《ちょうてい》咸《みな》政事《せいじ》に堪《た》えざることを知《し》る。武《ぶ》帝《てい》も亦《また》疑《うたが》う。嘗《かつ》て尚書《しょうしょ》の事《こと》を決《けっ》せしむるに、対《こた》うること能《あた》わず。賈妃《かひ》、左右《さゆう》を遣《つか》わし、代《か》わり対《こた》えしめ、遂《つい》に安《やす》し。大位《たいい》に居《お》るに及《およ》び、政《まつりごと》群下《ぐんか》に出《い》で、綱紀《こうき》大《おお》いに壊《こわ》れ、貨賂《かろ》公行《こうこう》す。勢位《せいい》の家《いえ》、貴《き》を以《もっ》て物《もの》を陵《しの》ぎ、忠賢《ちゆうけん》の路《みち》絶《た》ゆ。讒邪《ざんじや》志《こころざし》を得《え》、更《こもごも》相《あい》薦挙《せんきょ》す。天下《てんか》之《これ》を互市《ごし》と謂《い》う。嘗《かつ》て華林園《かりんえん》に在《あ》り、蝦《が》蟆《ま》の声《こえ》を聞《き》き、左右《さゆう》に謂《い》いて曰《いわ》く、「此《こ》の鳴《な》く者《もの》は、官《かん》の為乎《ためか》、私《し》の為乎《ためか》。」或《ある》ひと対《こた》えて曰《いわ》く、「官地《かんち》に在《あ》りては官《かん》の為《ため》にし、私地《しち》に在《あ》りては私《し》の為《ため》にす。」天下《てんか》荒乱《こうらん》、百姓《ひやくせい》餓死《がし》するに及《およ》び、帝曰《ていいわ》く、「何《なん》ぞ肉糜《にくび》を食《く》わざる。」其《そ》の蒙蔽《もうへい》、皆《みな》此《こ》の類《たぐい》なり。

『晋（書）』。恵帝が皇太子となった当初、朝廷の人は皆政治をになえないことを知っており、武帝も疑念をいだいていた。ある時、尚書の事務を決裁させたことがあったが、返答できなかった。賈妃《かひ》は側近の者に代わって返書を書かせたので地位が安泰であった。皇位につくと、政治は群臣の手で決定され、法律・制度はむちゃくちゃになり、賄賂《わいろ》が公然と行われた。権勢があり高い地位にある家は、身分によって人々を踏みつけ、忠臣・賢者の登用される道は絶たれた。讒言《ざんげん》をする者、邪悪な者が思いどおりに官位を得、互いに推薦し合った。天下の人はこれを「相互とりひき」と言った。ある時、華林園にいて蝦蟆《がま》の鳴き声を聞き、側近の者に「この蝦蟆の鳴くのはお上のためか、私人のためか。」と尋ねた。ある者が答えた。「お上の土地にいるのはお上のため、私人の土地にいるのは私人のためです。」天下が荒れ乱れ、人民が飢え死にする事態になると、帝は、「(米がないなら) どうして肉のかゆを食べないのか。」と言った。その暗愚さは、すべてこういった類のものだった。

❖ ❖ ❖ ❖

軟弱な天子と暗愚な皇帝

人にはそれぞれもって生まれた格のようなものがあるといわれます。能力以上の地位についた場合、自分がつらい思いをするだけでなく、他人にも大きな迷惑をかけます。

地位が高ければ高いほど、その被害ははかり知れないものがあります。

劉氏一族に生まれた劉玄は、生まれのゆえに推されて帝位につきました。更始帝と呼ばれます。平和な時代で、臣下がしっかりしており、宮中に育った男ならば、あるいは無難にのりきったかもしれません。劉氏の一族といっても、それまでは平民と大差なかったので、とまどい気おくれするその姿は哀れでさえあります。ただ平林の兵に加わる前、弟が人に殺されたため、俠客《きょうかく》を使って報復しようとし、役人に追われると死んだふりをして遺骸《いがい》を故郷に運ばせる、といったことをしていることからすると、まったくの暗愚ではないのです。帝位につくとたちまち我がまま勝手にふるまった、あるいは平凡で取り得がなかったと言うべきでしょう。なお文中、玄を聖公と字《あざな》で呼び、更始と号でいうのは、帝位についた玄が光武帝の族兄であったことからする敬意を示しています。

恵帝は、生まれつき暗愚な男でした。引用の文は、恵帝紀の最後、恵帝の死をしるした後に付されています。二九〇年から三〇六年まで在位しますが、その前半は賈后とその一族の専横による政治の混乱、後半は八王の乱と異民族の騒乱があり、人民は塗炭の苦しみを味わわされました。父武帝の罪は深い、と言わなければならないでしょう。武帝が試しに尚書の事務をあつかわせ、どうしてよいかわからない時、賈后が側近に文書を書かせました。古い事例や典故を引いての文書に対し、給事の張泓《ちょうこう》が学問のない恵帝の文には不自然だとして、事柄に対する判断だけを書くように改め、恵帝に書き写させました。小才のきく連中によって事実はごまかされたのです。

◆劉玄刮レ席、晋恵聞レ蟆

後漢。劉玄字聖公、光武族兄。王莽末、平林陳牧等聚レ衆、号二平林兵一。聖公往従レ之。及レ破二莽軍一、号二聖公一為二更始将軍一。衆雖レ多、無レ所二統一一。遂共立二更始一為二天子一。更始即二帝位一、南面朝二群臣一。素儒弱、羞愧流レ汗、挙レ手不レ能レ言。初入都二宛城一。時漢兵誅二王莽一、伝レ首詣レ宛、懸二於市一。遂北都二洛陽一、後遷二長安一。初莽敗、惟未央宮被レ焚、余宮館無レ所レ毀。官府市里、不レ改二於旧一。更始既至、居二長楽宮一、升二前殿一。郎吏以レ次列二庭中一。更始羞作、俛レ首刮レ席、不二敢視一。後赤眉賊入レ関、見レ殺。

晋。恵帝初為二太子一、朝廷咸知レ不レ堪二政事一。武帝亦疑焉。嘗使レ決二尚書事一、不レ能レ対。賈妃遣二左右一代対、遂安。及レ居二大位一、政出二群下一、綱紀大壊、貨賂公行。勢位之家、以レ貴陵レ物、忠賢路絶。讒邪得レ志、更相薦挙。天下謂二之互市一。嘗在二華林園一、聞二蝦蟆声一、謂二左右一曰、「此鳴者、為レ官乎、為レ私乎。」或対曰、「在二官地一為レ官、在二私地一為レ私。」及二天下荒乱、百姓餓死一、帝曰、「何不レ食二肉糜一。」其蒙蔽、皆此類。

［二三］前漢《ぜんかん》の衛后《えいこう》は髪《かみ》が黒々《くろぐろ》とし、趙皇后《ちょうこうごう》は体《からだ》が軽《かろ》やかだった

張衡《ちょうこう》の西京《せいけい》の賦《ふ》に曰《いわ》く、「衛后《えいこう》は鬒髪《しんはつ》に興《おこ》り、飛燕《ひえん》は体《たい》の軽《かる》きを寵《ちょう》せらる。」

衛后《えいこう》は前漢孝武帝《ぜんかんこうぶてい》の皇后也《こうごうなり》。字《あざな》は子夫《しふ》。其《そ》の家《いえ》、号《ごう》して衛氏《えいし》と曰《い》う。平陽侯《へいようこう》の邑《ゆう》より出《い》ず。初《はじ》め平陽公主《へいようこうしゅ》の謳者為《おうしゃた》り。武帝《ぶてい》、覇上《はじょう》に祓《ふつ》し、還《かえ》りて主《しゅ》を過《よぎ》る。既《すで》に飲《の》み、謳者《おうしゃ》進《すす》む。帝《てい》、独《ひと》り子夫《しふ》を説《よろこ》ぶ。帝起《ていた》ちて衣《い》を更《あらた》む。子夫《しふ》、尚衣《しょうい》に侍《じ》し、軒中《けんちゅう》に幸《こう》を得《う》。主《しゅ》、因《よ》りて子夫《しふ》を奏《そう》し、送《おく》りて宮《きゅう》に入《い》る。子夫《しふ》、車《くるま》に上《の》る。主《しゅ》、其《そ》の背《せ》を拊《う》ちて曰《いわ》く、「行《ゆ》け。強飯《きょうはん》して之《これ》に勉《つと》めよ。即《も》し貴《き》たらば、願《ねが》わくは相忘《あいわす》るること無《な》かれ。」後男拠《のちだんきょ》を生《う》む。遂《つい》に立《た》ちて皇后《こうごう》と為《な》りて、男《だん》は太子《たいし》と為《な》る。巫蠱《ふこ》の事起《ことお》こり、江充姦《こうじゅうかん》を為《な》すに遭《あ》い、太子《たいし》、后《こう》と共《とも》に充《じゅう》を誅《ちゅう》す。太子敗亡《たいしはいぼう》し、后自殺《こうじさつ》す。

張衡の「西京の賦」にいう。「衛后は黒髪によって出世し、飛燕は身体の軽さによって寵愛《ちようあい》をうけた。」衛后は前漢孝武帝の皇后である。字《あざな》を子夫という。その実家は衛氏といわれている。平陽侯の領地の出身である。最初、平陽公主の歌姫だった。武帝は覇水のほとりでみそぎの礼を行い、帰途公主を訪れた。宴に入り、歌姫が進み出て歌った。帝はただ子夫だけを気に入った。帝が座を立って衣服を改めた。子夫は衣がえを手伝い、傍室のなかで愛をうけた。公主はそこで子夫を差し出し、宮中に行くのを見送った。子夫が車に乗る時、公主はその背中をたたいて言った。「行きなさい。身体に気をつけて頑張りなさい。もし出世したら、どうか忘れないでおくれ。」のちに男の子の拠を生んだ。かくて皇后に立てられ、男の子は皇太子となった。巫蠱《ふこ》の事件が起こり、江充の悪事にでくわした。太子は后とともに江充を誅殺《ちゆうさつ》したが、太子は敗れて逃げ、后は自殺した。

前漢《ぜんかん》（書《じよ》）。飛《ひ》燕《えん》は孝成帝《こうせいてい》の趙皇后也《ちようこうごうなり》。本長安《もとちようあん》の宮人《きゆうじん》なり。初《はじ》め生《う》まれしとき、父母《ふぼ》挙《きよ》せず。三日《みつか》死《し》せず、遂《つい》に収《おさ》めて之《これ》を養《やしな》う。壮《そう》に及《およ》び、陽阿《ようあ》主《しゆ》の家《いえ》に属《ぞく》し、歌舞《かぶ》を学《まな》ぶ。号《ごう》して飛燕《ひえん》と曰《い》う。帝嘗《ていかつ》て微行《びこう》し、出《い》でて主《しゅ》を過《よぎ》り楽《たの》しみを作《な》し、見《み》て之《これ》を説《よろこ》ぶ。召《め》して宮《きゅう》に入《い》り、大《おお》いに幸《こう》せらる。女弟《じょてい》復《ま》た入《い》り、倶《とも》に倢伃《しょうよ》と為《な》り、貴《き》は後宮《こうきゅう》を傾《かたむ》く。立《た》ちて皇后《こうごう》と為《な》る。後寵《のちちょう》少《すこ》しく衰《おとろ》えて弟絶《ていはなは》だ幸《こう》せられ、昭儀《しょうぎ》と為《な》る。姊弟《してい》、寵《ちょう》を顓《もっぱ》らにすること十余年《じゅうよねん》、皆子《みなこ》無《な》し。帝暴《ていにわ》かに崩《ほう》ずるに及《およ》び、民間《みんかん》、罪《つみ》を昭儀《しょうぎ》に帰《き》す。昭儀自殺《しょうぎじさつ》す。哀帝《あいてい》立《た》ち、后《こう》を尊《とうと》びて皇太后《こうたいごう》と為《な》す。西京雑記《せいけいざつき》に曰《いわ》く、飛燕《ひえん》、皇后《こうごう》と為《な》り、女《じょ》弟《てい》、昭陽殿《しょうようでん》に在《あ》り。后《こう》は体軽《たいかる》く腰弱《こしよわ》く、行歩《こうほ》進退《しんたい》を善《よ》くす。昭儀《しょうぎ》も及《およ》ぶ能《あた》わず。但《た》だ弱骨豊肌《じゃくこつほうき》、尤《もっと》も笑語《しょうご》に工《たくみ》なり。二人並《ににんなら》びに色紅玉《いろこうぎょく》の如《ごと》く、当時《とうじ》の第《だい》一為《いちた》り。

『前漢（書）』。飛燕は孝成帝の趙皇后のことである。もともと長安の宮人である。最初生まれた時、父母はとりあげようとしなかったが、三日たっても死ななかったので、結局とりあげて養うことになった。大きくなると陽阿公主の家に属し、歌舞を習い、飛燕と名づけられた。成帝はある時おしのびで宮殿を出、公主を訪れ楽しんだが、彼女を見て気に入った。召し出して宮中に入れ、たいそう寵愛した。妹も宮中に入り、共に倢伃《しょうよ》（女官の位。皇后の下の下）となり、身分の高さは後宮を圧倒した。皇后に立てられた。のちに寵愛が少し衰えたが、妹のほうはひじょうに愛され、昭儀（女官の位。皇后の下）となった。姉妹で十余年間寵愛を独り占めした。どちらも子がなかった。帝が突如崩御すると、世間では昭儀に罪をかぶせ、昭儀は自殺した。哀帝が立つと、后を尊んで皇太后とした。

『西京雑記《せいけい》』にいう。飛燕は皇后となり、妹は昭陽殿に住んだ。后は身体が軽く腰がほっそりしており、歩きぶりに魅力があって、昭儀もまねることができなかった。ただ昭儀はしなやかな身体と豊満な肌をしており、とりわけ笑みをふくみながらのおしゃべりに魅力があった。二人とも色つやが紅玉のようで、当時において第一の女性であった。

❖ ❖ ❖ ❖

前漢の二人の皇后

前漢時代の皇后には出身の卑しい者が多く、その代表が衛皇后であり、趙皇后です。

衛后は弟が大将軍衛青であり、おいが驃騎《ひょうき》将軍霍去《かくきょ》病《へい》であって、共に匈奴《きょうど》討伐に赫々《かくかく》たる武勲を立てました。衛后のおかげで起用され成功した彼らでしたが、衛后が後ろ盾としてもっとも必要とする時、すでに死んでいました。運命の転変によって、卑しい歌姫から皇后へと昇り、滅亡していきました。ただ皇太子の孫、衛后の曾孫が、のちに宣帝として即位します。罪なくして死んだ二人のうらみは、子孫が帝位についたことによって報われたと言えるのでしょうか。

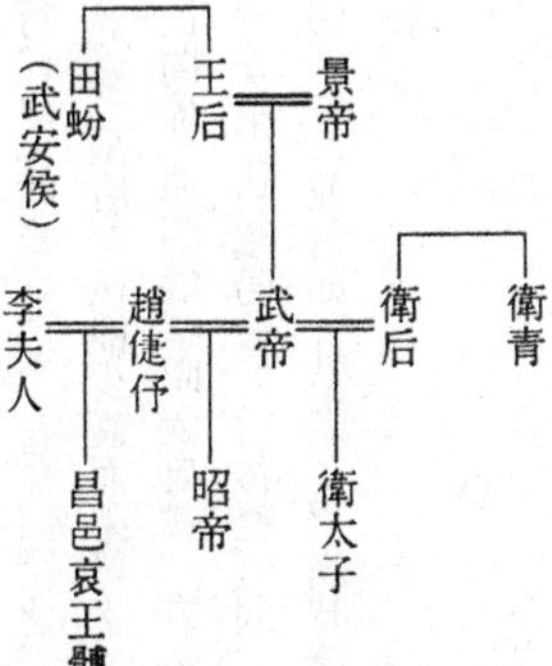

　趙飛燕姉妹の最期は、衛皇后に比べて同情の余地はあまりないように思われます。子のない飛燕は、後宮に男を引き入れて淫乱のかぎりを尽くしたと言われますし、また子を生んだ他の後宮の女性の子を殺したとも伝えられています。飛燕はのちに庶民におとされ、自殺します。

◆衛后髪鬒、飛燕体軽

張衡西京賦曰、「衛后興㆓於鬒髪㆒、飛燕寵㆓於体軽㆒。」　衛后前漢孝武帝皇后也。字子夫。其家号曰㆓衛氏㆒。出㆓平陽侯邑㆒。初為㆓平陽公主謳者㆒。武帝祓㆓覇上㆒、還過㆑主。既飲、謳者進。帝独説㆓子夫㆒。帝起更㆑衣。子夫侍㆓尚衣㆒、軒中得㆑幸。主因奏㆓子夫㆒、送入㆑宮。子夫上㆑車。主拊㆓其背㆒曰、「行矣。強飯勉㆑之。即貴、願無㆓相忘㆒。」後生㆓男拠㆒。遂立為㆓皇后㆒、而男為㆓太子㆒。遭㆓巫蠱事起、江充為㆒㆑姦、太子与㆑后共誅㆑充。太子敗亡、后自殺。

前漢。飛燕孝成帝趙皇后也。本長安宮人。初生、父母不㆑挙。三日不㆑死、遂収養㆑之。及㆑壮、属㆓陽阿主家㆒、学㆓歌舞㆒。号曰㆓飛燕㆒。帝嘗微行、出過㆑主作㆑楽、見而説㆑之。召入㆑宮、大幸。女弟復入、倶為㆓倢伃㆒、貴傾㆓後宮㆒。立為㆓皇后㆒。後寵少衰而弟絶幸、為㆓昭儀㆒。姉弟顓㆑寵十余年、皆無㆑子。及㆓帝暴崩㆒、民間帰㆓罪昭儀㆒。昭儀自殺。哀帝立、尊㆑后為㆓皇太后㆒。西京雑記曰、飛燕為㆓皇后㆒、女弟在㆓昭陽殿㆒。后体軽腰弱、善㆓行歩進退㆒。昭儀不㆑能㆑及。但弱骨豊肌、尤工㆓笑語㆒。二人並色如㆓紅玉㆒、為㆓当時第一㆒。

［二四］愛人《あいじん》の失態《しったい》を謝罪《しゃざい》した趙勝《ちょうしょう》、愛人《あいじん》より群臣《ぐんしん》をかばった荘王《そうおう》

史記《しき》。平原君趙勝《へいげんくんちょうしょう》は趙《ちょう》の諸公子《しょこうし》なり。賓客《ひんきゃく》を喜《この》む。賓客至《ひんきゃくいた》る者数千人《ものすうせんにん》。趙《ちょう》の恵文王及《けいぶんおうおよ》び孝成王《こうせいおう》に相《しょう》たり。三《み》たび相《しょう》を去《さ》り、三《み》たび位《くらい》に復《ふく》す。家楼《かろう》、民《みん》家《か》に臨《のぞ》む。躄者有《へきしゃあ》り、槃散《はんさん》として行《ゆ》きて汲《く》む。美人《びじん》、楼上《ろうじょう》に居《お》り、見《み》て大《おお》いに之《これ》を笑《わら》う。明日《めいじつ》、躄者門《へきしゃもん》に至《いた》り、請《こ》いて曰《いわ》く、「士《し》の千里《せんり》を遠《とお》しとせずして来《き》たる者《もの》は、君《きみ》が能《よ》く士《し》を貴《とうと》びて妾《しょう》を賤《いや》しむを以《もっ》てなり。臣《しん》、不幸《ふこう》にして罷癃《ひりゅう》の病有《やまいあ》り。而《しか》るに君《きみ》の後宮《こうきゅう》、臣《しん》を笑《わら》う。願《ねが》わくは臣《しん》を笑《わら》う者《もの》の頭《あたま》を得《え》ん。」勝笑《しょうわら》って応《こた》えて曰《いわ》く、「諾《だく》。」終《つい》に殺《ころ》さず。歳余《さいよ》、賓客稍稍《ひんきゃくしょうしょう》として引《ひ》き去《さ》る者半《ものなか》ばを過《す》ぐ。勝之《しょうこれ》を怪《あや》しむ。客曰《きゃくいわ》く、「君《きみ》の躄《へき》を笑《わら》う者《もの》を殺《ころ》さざるを以《もっ》て、以為《おも》えらく色《いろ》を愛《あい》して士《し》を賤《いや》しむ、と。即《すなわ》ち去《さ》る耳《のみ》。」勝《しょう》、乃《すなわ》ち笑《わら》う

者《もの》の頭《あたま》を斬《き》り、自《みずか》ら躄者《へきしや》の門《もん》に造《いた》りて謝《しや》す。後乃《のちすなわ》ち復《ま》た来《き》たる。

『史記』。平原君趙勝は、趙の公子の一人である。食客を抱えるのが好きで、訪れた食客は数千人にのぼった。趙の恵文王と孝成王の相となったが、三度相をやめ、三度位にもどった。家の楼閣は民家にのぞんで建っていた。足の悪い男がいて、よろめきながら水をくみに出た。美人が楼上におり、それを見て大笑いした。翌日、足の悪い男は門に来て、願い出た。「士人が千里を遠しとせずに訪れるのは、殿さまがよく士人を大事にされて愛人を大事にされないからです。臣《わたくし》は不幸にして足の病気がございます。ところが殿さまの後宮の女が臣を笑いました。臣を笑った者の頭を頂戴したいと思います。」趙勝は笑いながら「承知した。」と答えたが、結局殺さなかった。一年余して、食客はしだいしだいに半分以上が引き払って行ってしまった。趙勝が不審に思うと、食客は言った。「殿が足疾を笑った者を殺さないので、色を好んで士人を大事にしないと考え、去ったのです。」趙勝はそこで笑った者の首を斬り、自分で足の悪い男の門まで行き謝罪した。その後、ふたたび食客が集まった。
説苑《ぜいえん》に曰《いわ》く、楚《そ》の荘王《そうおう》、群臣《ぐんしん》に酒《さけ》を賜《たま》う。日暮《ひく》れ酒酣《さけかん》にして、灯燭滅《とうしょくめつ》す。美人《びじん》の衣《ころも》を引《ひ》く者有《ものあ》り。美人《びじん》、其《そ》の冠纓《かんえい》を援《ひ》きて絶《た》ち、王《おう》に「火《ひ》を趣《うなが》し来《き》たり上《のぼ》し、纓《えい》を絶《た》つ者《もの》を視《み》よ。」と告《つ》ぐ。王曰《おういわ》く、「人《ひと》に酒《さけ》を賜《たま》い、酔《よ》いて礼《れい》を失《うしな》わしむ。奈何《いかん》ぞ婦人《ふじん》の節《せつ》を顕《あらわ》して士《し》を辱《はずか》しむることを欲《ほっ》せん乎《や》。」乃《すなわ》ち左右《さゆう》に命《めい》じて曰《いわ》く、「今日《こんにち》、寡人《かじん》と飲《の》む。冠纓《かんえい》を絶《た》たざる者《もの》は懽《よろこ》ばず。」群臣百《ぐんしんひゃく》余人《よにん》、皆《みなそ》其の冠纓《かんえい》を絶去《ぜつきょ》す。而《しこ》うして火《ひ》を上《のぼ》し、懽《かん》を尽《つ》くして罷《や》む。後晋《のちしん》と楚《そ》と戦《たたか》う。一臣有《いっしんあ》り、常《つね》に前《まえ》に在《あ》り。五《ご》たび合《あ》い、五《ご》たび首《くび》を獲《え》敵《てき》を却《しりぞ》く。卒《つい》に晋人《しんひと》に勝《か》つ。荘王怪《そうおうあや》しみ問《と》うに、乃《すなわ》ち夜纓《よるえい》を絶《た》つ者《もの》、王《おう》に顕報《けんぽう》する也《なり》。

『説苑』にいう。楚の荘王は群臣に酒をもてなしていた。日が暮れて宴が酣の時、ともしびが消えた。すると王の寵愛《ちょうあい》する美人の衣を引く者がいた。美人はその男の冠のひもを引きちぎり、王に告げ、「急いで火を持って来させ、ひもをちぎった男を捜させてください。」と言った。王は「人に酒をふるまい、酔わせて礼を失わせたのだ。どうして婦人の節操を明らかにして士人に恥辱を与えることを望もうぞ。」と言い、そばの者に命じた。「今日、拙者と飲んでいるが、冠のひもをちぎらない者は不粋じゃ。」群臣百余人はすべて自分の冠のひもをちぎり取った。そして火をつけ、歓を尽くしてお開きにした。のちに晋と楚とが戦った時、一人の臣下がいてつねに先頭に立ち、五度の合戦で、五度とも首をとり敵をしりぞけ、とうとう晋兵に打ち勝った。荘王が不審に思って尋ねると、なんとあの夜ひもをちぎられた者で、王に明白な恩返しをしたのだった。

❖　❖　❖　❖

君主と後宮の女性

人を使うのは難しいものです。君主であっても心から動いてもらえるとはかぎりません。特に女性がからんだ場合、事情はさらに複雑になります。平原君と楚の荘王の対応はそのことを示しています。

平原君の活躍した時代は、戦国後期で、当時各国に多くの食客を抱えた貴族がいて、その国はもちろん、外国に対しても重きをなしていました。斉の孟嘗君《もうしょうくん》、魏の信陵君、楚の春申君と、ここにあげられた平原君の四人がその代表的人物で、四公子と言われました。集まる食客たちの人気をいかにして得るかに、皆苦心しましたが、その苦心もちょっとしたことで水の泡です。平原君の話はそれを示しています。

楚の荘王は春秋中期の名君の一人で、春秋五覇の一人に数えられる人物です。話は事実であるかどうかわかりませんが、名君らしい話題ではあります。

◆趙勝謝レ躄、楚荘絶レ纓

史記。平原君趙勝、趙之諸公子。喜ニ賓客一。賓客至者数千人。相ニ趙恵文王、及孝成王一。三去レ相、三復レ位。家楼臨ニ民家一。有ニ躄者一、槃散行汲。美人居ニ楼上一、見大笑レ之。明日、躄者至レ門、請曰、「士之不レ遠ニ千里一而来者、以ニ君能

戦国時代略図

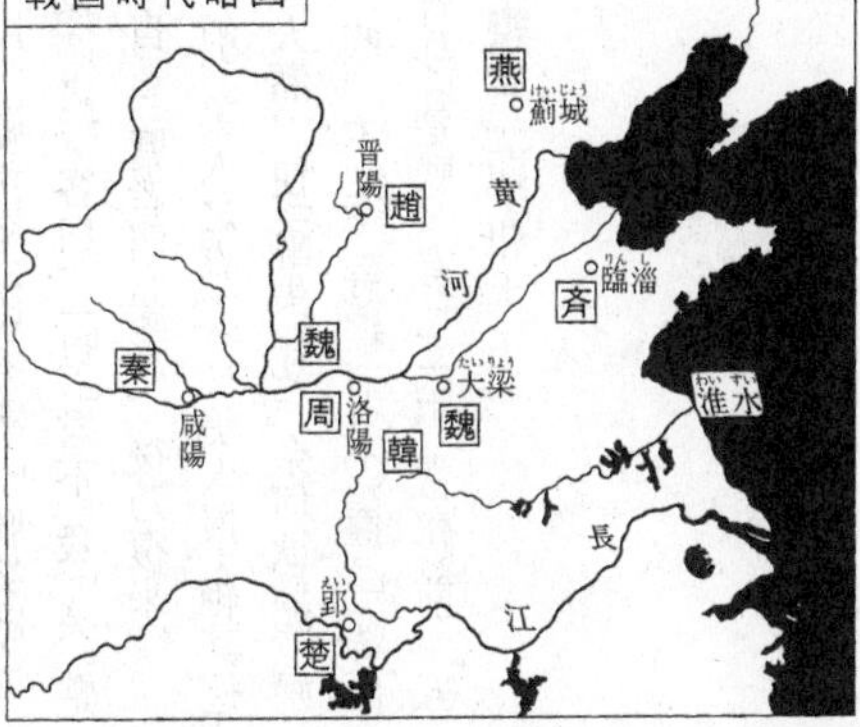

貴レ士而賤上レ妾。臣不幸有二罷癃之病一。而君之後宮笑レ臣。願得下笑レ臣者頭上。」勝笑応曰、「諾。」終不レ殺。歳余、賓客稍稍引去者過レ半。勝怪レ之。客曰、「以三君不二レ殺二笑レ躄者一、以為愛レ色而賤レ士。即去耳。」勝乃斬二笑者頭一、自造二躄者門一謝焉。後乃復来。

説苑曰、楚荘王賜二群臣酒一。日暮酒酣、灯燭滅。有下引二美人之衣一者上。美人援二絶其冠纓一、告三王、「趣レ火来上、視二絶レ纓者一。」王曰、「賜二人酒一、使二酔失一レ礼。奈何欲下顕二婦人之節一而辱上士乎。」乃命二左右一曰、「今日与二寡人一飲。不レ絶二冠纓一者不レ懽。」群臣百余人、皆絶二去其冠纓一。而上レ火、尽レ懽而罷。後晋与レ楚戦。有二一臣一、常在レ前。五合、五獲レ首却レ敵。卒勝二晋人一。荘王怪問、乃夜絶レ纓者、願二報王一也。

◆宦官《かんがん》

アジアの国では支配者が多くの女性を囲うことが多かった。中国では、唐の詩人李白《りはく》が「後宮の美女三千人」というように、多数の女性が日本の大奥にあたる後宮に住まわされた。その居住地域に入れる普通の男は支配者一人であるが、それらの女性たちを世話し種々の雑用を務める人間が必要になる。そのために雇われたのは「宦官」という特殊な男性である。宦官は去勢された男性で、いわば男であって男でない不思議な存在であった。これは遊牧民族が飼っている羊等を去勢する知恵と技術が基になっているのではないかと思われる。宦官は刑罰（宮刑）を受けてなる場合が普通だが、出世すると後宮において皇帝の側近く仕える機会を得ることから、自《みずか》ら去勢したり、子どもを去勢する場合も起る。いずれにしてもその肉体的欠陥は性格に影響することが多く、歴史上、多くの弊害を生んだが、二十世紀の初め、清朝が滅亡する直前まで、この制度は続いた。

〔二五〕馬《うま》の知恵《ちえ》を利用《りよう》した管仲《かんちゅう》、象《ぞう》の重《おも》さを量《はか》った倉舒《そうじょ》

韓非子《かんぴし》に曰《いわ》く、管仲《かんちゅう》・隰朋《しゅうほう》は桓公《かんこう》に従《したが》いて孤竹《こちく》を伐《う》つ。春往《はるゆ》き冬返《ふゆかえ》るに、迷《めい》惑《わく》して道《みち》を失《うしな》う。管仲曰《かんちゅういわ》く、「老馬《ろうば》の知《ち》、用《もち》う可《べ》き也《なり》。」乃《すなわ》ち老馬《ろうば》を放《はな》ちて之《これ》に随《したが》い、遂《つい》に道《みち》を得《え》たり。山中《さんちゅう》を行《ゆ》くに、水無《みずな》し。隰朋曰《しゅうほういわ》く、「蟻《あり》は、冬《ふゆ》に山《やま》の陽《みなみ》に居《お》り、夏《なつ》に山《やま》の陰《きた》に居《お》る。蟻壌一寸《ぎじょういっすん》にして仞《じん》に水有《みずあ》り。」乃《すなわ》ち地《ち》を掘《ほ》り、遂《つい》に水《みず》を得《え》たり。管仲《かんちゅう》・隰朋《しゅうほう》の知《ち》を以《もっ》て、其《そ》の知《し》らざる所《ところ》に至《いた》りては、老馬《ろうば》と蟻《あり》とを師《し》とするを難《かた》しとせず。今人其《きんじんそ》の愚心《ぐしん》を以《もっ》て聖人《せいじん》の知《ち》を師《し》とするを知《し》らず。亦過《またあやま》たざる乎《や》。

『韓非子』にいう。管仲と隰朋《しゅうほう》は桓《かん》公に従って孤竹を討伐した。春に出かけ冬に帰途についたが、迷って道がわからなくなった。管仲は言った。「老馬の知恵を、

用いればよい。」そこで老馬を放してその後について行き、かくて道を見つけた。山のなかを通っていて、水がなかった。隰朋は言った。「蟻《あり》は、冬に山の南に住み、夏に山の北に住む。蟻塚は一寸ほどで、一仞《じん》下には水がある。」そこで地面を掘り、かくて水を手に入れた。管仲と隰朋の知恵がありながら、自分の知らないことになると、老馬と蟻を師とするのを拒まなかった。今の人間は自分が愚かな心をもちながら、聖人の英知を師とすることを知らない。まちがっていないだろうか。

魏志《ぎし》。鄧哀王冲《とうあいおうちゅう》字《あざな》は倉舒《そうじょ》、武帝《ぶてい》の子《こ》なり。少《わか》くして聡察岐嶷《そうさつきぎょく》、五《ご》、六歳《ろくさい》にして成人《せいじん》の如《ごと》きの知有《ちあ》り。時《とき》に孫権曾《そんけんかつ》て巨象《きよぞう》を致《いた》す。太祖《たいそ》其《そ》の斤重《きんじゅう》を知《し》らんと欲《ほっ》し、之《これ》を群下《ぐんか》に訪《と》うも、能《よ》く其《そ》の理《り》を出《い》だすもの莫《な》し。冲曰《ちゅういわ》く、「象《ぞう》を大船《たいせん》の上《うえ》に置《お》きて、其《そ》の水痕《すいこん》の至《いた》る所《ところ》を刻《こく》し、物《もの》を称《はか》り以《もっ》て之《これ》に載《の》せば、則《すなわ》ち校《こう》して其《そ》れ知《し》る可《べ》し。」太祖大《たいそおお》いに悦《よろこ》び、即《すなわ》ち施行《しこう》す。時《とき》に軍国多事《ぐんこくたじ》にして、刑《けい》を用《もち》うること厳重《げんじゅう》なり。凡《およ》そ罪戮《ざいりく》に応《あた》りて冲《ちゅう》の微《ひそ》かに弁理《べんり》する所《ところ》と為《な》り、頼《たよ》りて以《もっ》て済宥《せいゆう》する者《もの》、前後《ぜんご》数十《すうじゅう》。太祖《たいそ》数《しばしば》群臣《ぐんしん》に対《たい》して称述《しょうじゅつ》し、後《あと》を伝《つた》えんと欲《ほっ》するの意《い》有《あ》り。会《たまたま》卒《しゅっ》す。

『魏志』。鄧哀《とうあい》王の曹冲は字《あざな》を倉舒といい、武帝の子である。幼少の時から聡明で才知があり、五、六歳で成人同様の知恵をもっていた。当時、孫権が巨象を献上したことがあった。太祖はその重さを知りたいと思い、群臣に尋ねたが、その方法を考え出せる者はいなかった。曹冲は言った。「象を大きな船の上に乗せて、その水の跡がついた所にしるしをつけます。物の重さを測ってそれを乗せますと、比較して知ることができます。」太祖はたいそう喜び、早速実行した。当時、軍事と国政に多事多難で、刑の適用はきびしく重かった。およそ死刑に相当しながら、曹冲がひそかに処理してやり、そのおかげで救われ許されたものは、前後あわせて数十人にのぼった。太祖はたびたび群臣に対して称揚し、後を継がせたいという気持ちをもっていた。たまたま亡くなった。

老練政治家の知恵と神童の才知

動物に関連して英知を示した話です。管仲と隰朋の場合は、老練な政治家らしく経験をもとにした知恵を示します。いかなる事態にも対処し得るのは、一見無関係に思われる知識をも身につけていたからです。

曹冲の場合は、幼児の頃から成人も及ばぬ才知を示します。単に聡明であっただけではなく、その聡明さを思いやりに生かす人柄でした。ある時、倉庫にしまっていた太祖の鞍《くら》がねずみにかじられたことがありました。倉の役人は死刑に処せられるかと心配しながら自首するつもりでいると、曹冲は「三日間待って、その後で自首しなさい。」と言い、自分の単衣《ひとえ》に小刀で穴をあけてねずみがかじったように見せかけました。そしてしょんぼりした様子で太祖に、「世間ではねずみに衣をかじられると、持ち主に不吉だと申します。今、単衣がかじられましたので心配しています。」と言いました。太祖は「それはでたらめの言だ、心配することはない。」と慰めましたが、その後で倉庫の役人が鞍をかじられたと報告しました。太祖は「子どもの衣はそばにあるのにかじられるのだ。まして鞍は柱にかかっているのだから。」と笑いながら言い、全く責めなかった、といいます。曹冲が死ぬと、太祖はひどく悲しみました。のちの文帝曹丕《ひ》が慰めると、太祖は「これはわしの不幸であるが、おまえたちにとっては幸いだ。」と言いました。太祖の冷徹さを見ることができます。ただ曹冲の死によって、後継者となる曹丕は幸いであったかもしれませんが、兄弟に対する警戒心が身近な親族の虐待につながり、魏滅亡の一因となったので、はたして幸せだったと言いきれるかどうかはわかりません。

◆管仲随レ馬、倉舒称レ象

韓非子曰、管仲・隰朋従二於桓公一而伐二孤竹一。春往冬返、迷惑失レ道。管仲曰、「老馬之知、可レ用也。」乃放二老馬一而随レ之、遂得レ道。行二山中一、無レ水。隰朋曰、「蟻、冬居二山之陽一、夏居二山之陰一。蟻壌一寸而仞有レ水。」乃掘レ地、遂得レ水。以二管仲・隰朋之知一、至二其所一レ不レ知、不レ難レ師二於老馬与一レ蟻。今人不レ知下以二其愚心一師中聖人之知上。不二亦過一乎。

魏志。鄧哀王冲字倉舒、武帝子。少聡察岐嶷、五六歳有下如二成人一之知上。時孫権曾致二巨象一。太祖欲レ知二其斤重一、訪二之群下一、莫三能出二其理一。冲曰、「置二象大船之上一、而刻二其水痕所一レ至、称レ物以載レ之、則校其可レ知矣。」太祖大悦、即施行焉。時軍国多事、用レ刑厳重。凡応二罪戮一而為三冲微所二弁理一、頼以済宥者、前後数十。太祖数対二群臣一称述、有二欲レ伝レ後意一、会卒。

［二六］川《かわ》に酒《さけ》を流《なが》し兵《へい》に飲《の》ませた勾践《こうせん》、敵《てき》を信用《しんよう》し薬《くすり》を飲《の》んだ陸抗《りくこう》

古列女伝《これつじょでん》。楚《そ》の子発《しはつ》、秦《しん》を攻《せ》め、軍《ぐん》、粮《りょう》を絶《た》つ。士卒《しそつ》、菽粒《しゅくりゅう》を升分《しょうぶん》して之《これ》を食《しょく》す。子発《しはつ》、朝夕芻豢黍粱《ちょうせきすうけんしょりょう》。大《おお》いに秦将《しんしょう》を破《やぶ》りて帰《かえ》る。其《そ》の母《はは》、門《もん》を閉《と》じて内《い》れず。人《ひと》をして之《これ》を数《せ》めしめて曰《いわ》く、「子《し》、越王勾践《えつおうこうせん》の呉《ご》を伐《う》ちしを聞《き》かず乎《や》。客《きゃく》、醇酒一器《じゅんしゅいっき》を献《けん》ずる者有《ものあ》り。王《おう》、人《ひと》をして江《こう》の上流《じょうりゅう》に注《そそ》がしめ、士卒《しそつ》をして其《そ》の下流《かりゅう》に飲《の》ましむ。味《あじ》、美《び》を加《くわ》うるに及《およ》ばずして、士卒《しそつ》の戦《たたか》い自《おのずか》ら五也《ごなり》。異日《いじつ》、一嚢《いちのう》の糗糒《きゅうび》を献《けん》ずる者有《ものあ》り。王又以《おうまたもっ》て軍《ぐん》に賜《たま》う。軍士《ぐんし》分《わ》けて之《これ》を食《しょく》す。甘《かん》、嗌《えき》を踰《こ》ゆるに足《た》らずして、戦《たたか》い自《おのずか》ら十也《じゅうなり》。今《いま》子《し》は将《しょう》と為《な》り、士卒《しそつ》菽粒《しゅくりゅう》を升分《しょうぶん》し、子《し》独《ひと》り芻豢黍粱《すうけんしょりょう》するは、何《なん》ぞ也《や》。子《し》は吾《わ》が子《こ》に非《あら》ず。吾《わ》が門《もん》に入《い》ること無《な》かれ。」子発《しはつ》、其《そ》の母《はは》に謝《しゃ》し、然《しか》る後之《のちこれ》を内《い》る。

『古列女伝』。楚の子発が秦を攻撃した時、楚軍は兵糧が尽きた。士卒は豆粒を枡《ます》で分けてそれを食ったが、子発は朝晩、肉類・穀物を欠かさなかった。秦の軍をさんざんに打ち破って帰還すると、その母は門を閉じてなかに入れず、人をやって彼を責めさせた。「あなたは越王勾践《こうせん》が呉を討った時のことを聞かないのですか。客のなかに醇酒を一樽《たる》献上した者がありました。王は人をやって川の上流で酒をそそがせ、士卒に下流で飲ませました。水の味は前よりおいしくなったわけではありませんが、士卒の戦闘意欲はおのずと五倍になりました。別の日に一袋の乾飯《ほしいい》を献上する者がありました。王はまたそれを軍に賜与し、軍兵はそれを分けて食べました。そのうまさがのどを過ぎるほどの量ではなかったのですが、戦闘意欲はおのずと十倍になりました。今あなたは将軍となり、士卒が枡で豆粒を分けているのに、あなただけが肉類・穀物をとっているとは、何事ですか。あなたはわたしの子ではありません。わたしの門に入らないでください。」子発はその母に謝罪し、ようやく入れてもらった。

呉志《ごし》。陸抗字《りくこうあざな》は幼節《ようせつ》、丞相《じょうしょう》遜《そん》の次子《じし》なり。呉《ご》の将《しょう》と為《な》る。時《とき》に晋《しん》の平南将《へいなんしょう》軍羊祜《ぐんようこ》、南夏《なんか》に鎮《ちん》す。石城以西《せきじょういせい》、尽《ことごと》く晋《しん》の有《ゆう》と為《な》り、降《くだ》る者《もの》絶《た》えず。祜《こ》増《ますます》徳信《とくしん》を修《おさ》め、以《もっ》て初付《しょふ》を懐《なつ》く。呉人悦服《ごひとえつぷく》し、羊公《ようこう》と称《しょう》して名《な》いわず。祜《こ》、抗《こう》と相対《あいたい》し、使命交通《しめいこうつう》す。抗《こう》、祜《こ》の徳量《とくりょう》は楽毅《がくき》・諸葛孔明《しょかつこうめい》と雖《いえ》ども過《す》ぐること能《あた》わざる也《なり》と称《しょう》す。抗嘗《こうかつ》て病《や》む。祜《こ》、之《これ》に薬《くすり》を遺《おく》る。抗《こう》、之《これ》を服《ふく》して疑心無《ぎしんな》し。人多《ひとおお》く抗《こう》を諫《いさ》む。抗曰《こういわ》く、「羊祜《ようこ》、豈人《あにひと》を酖《ちん》す者《もの》ならんや。」時《とき》に以為《おも》えらく華元《かげん》・子反《しはん》復《ま》た今《いま》に見《あらわ》る、と。抗毎《こうつね》に其《そ》の戍《じゅ》に告《つ》げて曰《いわ》く、「彼専《かれもっぱ》ら徳《とく》を為《な》し、我専《われもっぱ》ら暴《ぼう》を為《な》す。是《こ》れ戦《たたか》わずして自《おのずか》ら服《ふく》する也《なり》。各分界《おのおのぶんかい》を保《たも》つのみ。細利《さいり》を求《もと》むること無《な》かれ。」孫皓《そんこう》聞《き》きて以《もっ》て抗《こう》を詰《なじ》る。抗曰《こういわ》く、「一郷一邑《いっきょういちゆう》も、信義《しんぎ》無《な》かる可《べ》からず。況《いわ》んや大国《たいこく》を乎《や》。臣《しん》、此《かく》の如《ごと》くせずんば、正《まさ》に是《こ》れ其《そ》の徳《とく》を彰《あき》らかにし、祜《こ》に於《おい》て傷《そこな》い無《な》き也《なり》。」抗《こう》、大司馬《だいしば》・荊州《けいしゅう》の牧《ぼく》に終《お》わる。

『呉志』。陸抗は字《あざな》を幼節といい、丞相遜の次男である。呉の将軍となった。当時、晋の平南将軍羊祜《ようこ》が南夏に本拠をおき、石城以西はすべて晋の領有となり、晋への降伏者が絶えなかった。羊祜はいよいよ徳義・誠信を修めて支配下に入ったばかりの人々をなつけた。呉の人々は喜んで心服し、羊公と称して名を言わなかった。羊祜は陸抗と対峙《たいじ》していたが、使者を通じ合っていた。陸抗は、羊祜の徳義・器量は楽毅・諸葛孔明であっても超えることはできないと称揚した。陸抗がある時病気にかかり、羊祜が彼に薬を送った。陸抗はそれを飲んで疑念をもたなかった。陸抗をいさめる人が多くいたが、陸抗は「羊祜が人に毒を盛る男か。」と言った。当時の人は華元と子反（春秋時代、敵対した宋と楚の将軍）がふたたび現代に現れたと思った。陸抗はいつも部下の守備兵に述べていた。「向こうがもっぱら徳政を行い、こちらが専ら暴政を行う。これでは戦わない前に自然と屈服することだ。それぞれ国境を保つよりしかたがない。小さな利益を求めるでないぞ。」孫晧はそれを聞いて陸抗を詰問した。陸抗は言った。「一つの郷、一つの邑《むら》でも、信義がないわけにはまいりません。まして大国ですぞ。臣《わたくし》がこのようにしなければ、まさに彼の徳義を明らかにすることになり、羊祜にとっては何の損にもなりません。」陸抗は大司馬・荊州の牧で亡くなった。

❖❖❖❖

二人の優れた指揮官

軍をひきいる指揮官の態度について述べています。楚の子発と越王勾践の、軍兵に対する態度は正反対です。『史記』に記載されている将軍を取り上げても、越王勾践と似た話が伝えられているのは、春秋時代の司馬穰苴《しばじようしよ》・呉起《ごき》・漢の李広《りこう》があり、子発と同類の人物として漢の霍去病《かくきよへい》があげられるでしょう。呉起はもっとも身分の低い兵士と同じ苦労をし、ある兵士のできものを吸ってうみを出してやったといいます。それを聞いた母親が悲しんで泣きました。彼女の夫にも同じことがあり、感激した夫が力のかぎり戦って死んでしまった。息子もどこで戦死するかわからないというのが、母の嘆きでした。

同じく母親といっても、将軍の母と兵卒の母とでは立場が異なるわけです。

羊祜と陸抗は、暴君をいただく呉の運命を見通した二人の将軍が、互いの立場を理解しながら、無用の戦闘をさける姿を示しています。呉の滅亡は二八〇年で、陸抗の死後六年、羊祜の死後二年であり、熟柿《じゆくし》の落ちるようにして滅んでいきました。

◆勾践投レ醪、陸抗嘗レ薬

古列女伝。楚子発攻レ秦、軍絶レ粮。士卒升ヨ分菽粒ニ而食レ之。子発朝夕芻豢黍粱。大破ニ秦将一而帰。其母閉レ門而不レ内。使ニ人数ロ之曰、「子不レ聞ニ越王勾践之伐ロ呉乎。客有下献ニ醇酒一器一者上。王使三人注ニ江之上流一、使三士卒飲ニ其下流一。味不レ及レ加レ美、而士卒戦自五也。異日有下献ニ一嚢糗糒一者上。王又以賜レ軍。軍士分而食レ之。甘不レ足レ踰レ嗌、而戦自十也。今子為レ将、士卒升ヨ分菽粒一、子独芻豢黍粱、何也。子非ニ吾子一。無レ入ニ吾門一。」子発謝ニ其母一、然後内レ之。

呉志。陸抗字幼節、丞相遜次子。為ニ呉将一。時晋平南将軍羊祜鎮ニ南夏一。石城以西、尽為ニ晋有一、降者不レ絶。祜増修ニ徳信一、以懐ニ初付一。呉人悦服、称ニ羊公一不レ名。祜与レ抗相対、使命交通。抗称下祜徳量雖ニ楽毅・諸葛孔明一不レ能レ過也上。抗嘗病。祜遺ニ之薬一。抗服レ之無ニ疑心一。人多諫レ抗。抗曰、「羊祜、豈酖レ人者。」時以為華元・子反復見ニ於今一。抗毎告ニ其戍一曰、「彼専為レ徳、我専為レ暴。是不レ戦而自服也。各保ニ分界一而已。無レ求ニ細利一。」孫皓聞以詰レ抗。抗曰、「一郷一邑、不レ可レ無ニ信義一。況大国乎。臣不レ如レ此、正是彰ニ其徳一、於レ祜無レ傷也。」抗終ニ大司馬・荊州牧一。

［二七］瓦《かわら》を投《な》げられた醜男張載《ぶおとこちょうさい》、雉《きじ》撃ちで妻《つま》に認《みと》められた醜男《ぶおとこ》賈氏《かし》

晋書《しんじょ》。張載《ちょうさい》字《あざな》は孟陽《もうよう》、安平《あんぺい》の人《ひと》なり。性閑雅《せいかんが》、博学《はくがく》にして文章有《ぶんしょうあ》り。父収《ちちしゅう》、蜀郡《しょくぐん》の太守《たいしゅ》と為《な》る。太康《たいこう》の初《はじ》め、蜀《しょく》に至《いた》り父《ちち》を省《せい》し、道剣閣《みちけんかく》を経《ふ》。載《さい》、蜀人《しょくひと》険《けん》を恃《たの》み乱《らん》を好《この》むを以《もっ》て、因《よ》りて銘《めい》を著《あらわ》し以《もっ》て誡《かい》を作《な》す。益州《えきしゅう》の刺史《しし》、張敏《ちょうびん》之《これ》を奇《き》とし、表《ひょう》して其《そ》の文《ぶん》を上《たてまつ》る。武帝《ぶてい》使《つか》いを遣《つか》わし、之《これ》を剣閣山《けんかくざん》に鐫《え》る。仕《つか》えて中書侍郎《ちゅうしょじろう》に至《いた》る。載甚《さいはなは》だ醜《みにく》し。毎《つね》に行《ゆ》くに、小児瓦石《しょうじがせき》を以《もっ》て之《これ》に擲《な》げ、委頓《いとん》して反《かえ》る。

『晋書』。張載は字《あざな》を孟陽といい、安平の人である。静かで上品な人柄で、博学で文才があった。父の収は蜀郡の太守となった。太康の初年、父を見舞いに蜀に出かけ、剣閣を経由した。張載は蜀の住民が険阻をたのんで乱を好むと考えた。

そこで銘文を書いていましめた。益州の刺史の張敏はそれを評価し、上奏してその文をたてまつった。武帝は使者を派遣し、それを剣閣山に彫りつけた。仕官して中書侍郎にまでなった。張載は容貌がはなはだみにくく、外出するたびに、子どもが瓦や石を投げつけたので、辟易《へきえき》して逃げ帰った。

左氏伝《さしでん》に曰《いわ》く、叔向《しゅくきょう》、鄭《てい》に適《ゆ》く。鬷蔑《そうべつ》悪《みにく》し、叔向《しゅくきょう》を観《み》んと欲《ほっ》す。使《し》の器《き》を収《おさ》むる者《もの》に従《したが》いて往《ゆ》き、堂下《どうか》に立《た》ち、一言《いちごん》にして善《よ》し。叔向《しゅくきょう》将《まさ》に酒《さけ》を飲《の》まんとし、之《これ》を聞《き》きて曰《いわ》く、「必《かなら》ず鬷明也《そうめいなり》。」下《くだ》り其《そ》の手《て》を執《と》りて上《のぼ》り曰《いわ》く、「昔《むかし》賈大夫《かだいふ》悪《みにく》し。妻《つま》を娶《めと》りて美《び》なるも、三年言《さんねんい》わず笑《わら》わず。御《ぎょ》して以《もっ》て皐《こう》に如《ゆ》き、雉《きじ》を射《い》て之《これ》を獲《う》。其《そ》の妻始《つまはじ》めて笑《わら》いて言《い》う。賈大夫《かだいふ》曰《いわ》く、『才《さい》の以《もっ》て已《な》かる可《べ》からず。我射《われい》る能《あた》わざれば、汝遂《なんじつい》に言《い》わず笑《わら》わざらん。』」

『左氏伝』にいう。叔向《しゅくきょう》が鄭に行った時、鬷蔑《そうべつ》はみにくい男だったが、叔向の人柄を見たいと思った。食器をしまう召し使いの後について行き、座敷の下に立ち、一言語って認められた。叔向は酒を飲もうとしていたが、その言を聞いて、「黶明にちがいない。」と言い、座敷から下り、その手をとって上がると言った。「昔、賈《か》の国の大夫はみにくかった。妻は三年間ものも言わず笑いもしなかった。美人の妻をめとったが、妻のために車を御して沼沢地に行き、雉《きじ》を射て手にいれた。その妻ははじめて笑いしゃべった。賈国の大夫は『才能というのはないわけにいかぬな。わしが射ることができなかったら、おまえはこのままものも言わず笑いもしなかったろう。』と言ったという。」

❖❖❖❖

醜男《ぶおとこ》二人の話

男子にとって容貌《ようぼう》は二の次だといいますが、極端な醜男はいかに才能があっても、不都合なことが起こるようです。張載は西晋時代の有名な詩人でしたが、子どもから石や瓦《かわら》を投げつけられました。同様の話は、同時代の詩人で「三都の賦」を書いて洛陽の紙価を高からしめたという左思《さし》にもあります。『世説新語』の容止篇は、詩人の潘岳《はんがく》は美男子で、若いころ洛陽の街に出ると婦人がまとわりついたのに対し、左思は老婆につばをかけられた、と述べています。左思について「委頓《いとん》して返る。」と張載の場合と同じ表現をとっているうえ、『世説新語』の注では、『語林』を引き、潘岳が街に出ると老婆たちがその車に果物を投げ入れ、張載が出ると子どもが瓦や石を投げつけた、としるして、張載のことにしていることを考えると、左思と張載が混同されているのかもしれません。いずれにしても、気のきいたことばや美しい容姿を尊重した、当時の社会的風潮のなかで生まれた逸話です。

『左氏伝』の場合、他の例にもあるように、徐子光の注の引用は、あまり適切ではありません。ここの文は、晋の国政を担当した魏献子（魏舒）が多くの地方官を任命し、その一人賈辛《かしん》があいさつに来た時のことばのなかに出てきます。したがって、魏献子のことばのなかに叔向の話が出、その叔向の話のなかに賈大夫の話が出るという複雑な構成をとっています。さらに、賈大夫のことばで終わってしまうと、叔向がなぜ賈大夫の話を持ち出したかがわかりません。叔向の言は、鬷蔑《そうべつ》に同じような醜男の賈大夫が雉《きじ》を射るという行為で妻に認められたように、鬷蔑の一言で認めることができたことを述べています。そして魏献子は、訪れた賈辛に、二人同様その能力でお前を認めたのだから頑張りなさいと励ますのです。

孔子も「吾、言を以て人を取れば、之を宰予に失う。貌を以て人を取れば、之を子羽に失う。」（『孔子家語』）と言っています。弁舌さわやかな宰予は期待を裏切り、容貌醜悪な子羽は優れた人柄でした。人を判断することは難しいものです。

◆孟陽擲レ瓦、賈氏如レ皐

晋書。張載字孟陽、安平人。性閑雅、博学有二文章一。父収為二蜀郡太守一。太康初、至レ蜀省レ父、道経二剣閣一。載以二蜀人恃レ険好レ乱、因著レ銘以作レ誡。益州刺史張敏奇レ之、表上二其文一。武帝遣レ使、鐫二之於剣閣山一焉。仕至二中書侍郎一。載甚醜。毎行、小児以二瓦石一擲レ之、委頓而反。

左氏伝曰、叔向適レ鄭。鬷蔑悪、欲レ観二叔向一。従二使之収レ器者一而往、立二於堂下一、一言而善。叔向将レ飲レ酒、聞レ之曰、「必鬷明也。」下執二其手一而上曰、「昔賈大夫悪。娶レ妻而美、三年不レ言不レ笑。御以如レ皐、射レ雉獲レ之。其妻始笑而言。賈大夫曰、『才之不レ可二以已一。我不レ能レ射、汝遂不レ言不レ笑。』」

〔二八〕仕事《しごと》が早《はや》い淮南王《わいなんおう》は昼食《ちゅうしょく》までに、遅《おそ》い左思《さし》は十年《じゅうねん》かかった

前漢《ぜんかん》（書《じょ》）。淮南王安《わいなんおうあん》は、高祖《こうそ》の孫《まご》なり。書《しょ》を好《この》み琴《こと》を鼓《ひ》き、弋猟狗馬馳騁《よくりょうこうばちてい》を喜《この》まず。亦陰徳《またいんとく》を行《おこな》うことを以《もっ》て、百姓《ひゃくせい》を拊循《ふじゅん》し、名誉《めいよ》を流《なが》さんと欲《ほっ》す。賓客方術《ひんきゃくほうじゅつ》の士《し》数千人《すうせんにん》を招致《しょうち》し、内外篇《ないがいへん》を作為《さくい》す。又中篇《またちゅうへん》有《あ》り、神仙黄白《しんせんこうはく》の術《じゅつ》を言《い》う。時《とき》に武帝芸文《ぶていげいもん》を好《この》む。安《あん》が属諸父《ぞくしょふ》為《た》りて、弁博《べんはく》善《よ》く文辞《ぶんじ》を為《つく》るを以《もっ》て、甚《はなは》だ之《これ》を尊重《そんちょう》す。報書及《ほうしょおよ》び賜《し》を為《な》す毎《ごと》に、常《つね》に司馬相如《しばしょうじょ》等《ら》を召《め》し、草《そう》を視《み》せしめて乃《すなわ》ち遣《や》る。初《はじ》め安入朝《あんにゅうちょう》す。離騒伝《りそうでん》を為《つく》らしむ。旦《あした》に詔《みことのり》を受《う》け、日食時《にっしょくじ》に上《たてまつ》る。宴見《えんけん》する毎《ごと》に、得失及《とくしつおよ》び方技賦頌《ほうぎふしょう》を談説《だんせつ》し、昏暮《こんぼ》然《しか》る後《のち》罷《まか》る。後反《のちはん》を謀《はか》り、自殺《じさつ》す。

『前漢（書）』。淮南王（劉）安は、高祖の孫である。書物好きで琴をひき、狩猟、

犬や馬、車馬による疾駆などを好まなかった。それでも陰徳をほどこして、人民をなぐさめいたわり、評判を立てたいと望んでいた。食客や方術の士数千人を招き寄せ（『淮南子』）、内外篇を作った。また中篇の作があり、神仙と錬金の術について述べる。当時、武帝は学芸・文学を好み、安が世代からいって父の代にあたり、雄弁で博学、文章を書くのが上手だったため、ひじょうに彼を尊重した。安への返書や書簡を書くたびに、つねに司馬相如ら文人を召し出し、草稿を見せてから送った。最初、安が入朝した時、『離騒伝』を作らせたが、安は朝詔勅をうけ、昼食時には献上した。私的な謁見のたびに、政治の得失から方術・賦頌について語り、日が暮れてはじめて退出した。その後、反乱を計画し、自殺した。

晋書《しんじょ》。左思《さし》字《あざな》は太冲《たいちゅう》、斉国臨淄《せいこくりんし》の人《ひと》なり。貌寝口訥《ぼうしんくちとつ》、而《しか》るに辞藻壮麗《じそうそうれい》なり。斉都《せいと》の賦《ふ》を造《つく》り、一年《いちねん》にして乃《すなわ》ち成《な》る。復《ま》た三都《さんと》を賦《ふ》さんと欲《ほっ》す。乃《すなわ》ち著作《ちょさく》郎張載《ろうちょうさい》に詣《いた》り、岷邛《びんきょう》の事《こと》を訪《と》う。遂《つい》に思《おも》いを構《かま》うること十稔《じゅうねん》、門庭藩閫《もんていはんこん》、皆《みな》筆紙《ひっし》を著《お》く。一句《いっく》を得《う》るに遇《あ》えば、即《すなわ》ち便《すなわ》ち之《これ》を疏《そ》す。自《みずか》ら見《み》る所《ところ》博《ひろ》からざるを以《もっ》て、求《もと》めて秘書郎《ひしょろう》と為《な》る。賦《ふ》成《な》るに及《およ》び、時人《じじん》未《いま》だ之《これ》を重《おも》んぜざるも、自《みずか》ら其《そ》の作《さく》班《はん》・張《ちょう》に謝《お》らずと以《おも》い、以《もっ》て皇甫謐《こうほひつ》に示《しめ》す。謐《ひつ》、善《ぜん》と称《しょう》し、其《そ》の賦《ふ》の為《ため》に序《じょ》し、張載《ちょうさい》為《ため》に魏都《ぎと》に注《ちゅう》し、劉逵《りゅうき》呉《ご》・蜀《しょく》に注《ちゅう》して之《これ》に序《じょ》す。張華《ちょうか》見《み》て曰《いわ》く、「班《はん》・張《ちょう》の流《りゅう》也《なり》。」是《ここ》に於《おい》て競《きそ》いて相伝写《あいでんしゃ》す。洛陽《らくよう》之《これ》が為《ため》に紙《かみ》貴《たか》し。初《はじ》め陸機《りくき》此《こ》の賦《ふ》を為《つく》らんと欲《ほっ》す。思《し》作《つく》ると聞《き》き、掌《しょう》を撫《ぶ》して笑《わら》う。弟《おとうと》雲《うん》に与《あた》うる書《しょ》に曰《いわ》く、「此《こ》の間《かん》傖父《そうふ》有《あ》り、三都《さんと》の賦《ふ》を作《つく》らんと欲《ほっ》す。其《そ》の成《な》るを須《ま》ち、当《まさ》に以《もっ》て酒甕《しゅおう》を覆《おお》うべき耳《のみ》。」思《し》の賦《ふ》出《い》ずるに及《およ》び、機《き》歎伏《たんぷく》し、以《もっ》て加《くわ》うる能《あた》わずと為《な》し、遂《つい》に筆《ふで》を輟《や》む。

『晋書』。左思は字《あざな》を太冲といい、斉国臨淄《りんし》の人である。風采《ふうさい》あがらず口べたであったが、壮麗な文学を書いた。「斉都の賦」を作り、一年でやっと完成した。さらに三都について賦を作ろうとした。そこで著作郎張載のもとを訪れ、蜀のことを尋ねた。かくて構想十年、門・庭・塀・便所には、すべて筆と紙がおいてあり、たまたま一句でき上がれば、すぐさまそれに書きしるした。見聞がひろくないと考え、願い出て秘書郎となった。賦は完成したが、当時の人に認められるに至らなかった。自分ではそのできばえが班固・張衡にも劣らないと考え、皇甫謐《こうほひつ》に見せた。謐はりっぱだとたたえ、その賦のために序を書いた。張載が魏都に注をつけてやり、劉逵《りゆうき》が呉と蜀とに注をつけさらに序を書いた。張華は作品を見て、「班固・張衡の仲間だ。」と言った。その結果、競って伝え、写し合った。洛陽ではそのため紙の値が上がった。それより前、陸機も三都の賦を作るつもりでいた。左思が作っていると聞いて、手をたたいて笑い、弟の雲に与えた書簡で、「こちらにはいなか者がいて、三都の賦を作ろうとしているが、それが完成すれば、酒がめにふたをせねばなるまい。」と言った。左思の賦が発表されると、陸機は感服し、何も付け加えることができないと考え、かくて執筆をとりやめた。

❖　❖　❖　❖

速筆と遅筆

同じように文才があるといっても、筆の運びの速い者もいるし遅い者もいる。ここでは、極端に速い者と遅い者とが述べられています。

戦国の文学といえば、まず屈原の『楚辞』があげられます。そのなかの代表作が「離騒」です。『隋書』経籍志では『楚辞』全体の注釈を劉安が行ったようにしるしていますが、一部であるにしろ全部であるにしろ、はじめて注をつけたのが劉安でした。ただ朝に詔勅をうけ昼食時に差し出すのは、あまりにも早すぎます。『漢書』芸文志に「淮南王の賦八十二篇」とするしますが、他の作家と比べると、「枚皐《ばいこう》の賦百二十篇」を例外として、他は多くて三十篇台です。彼の書くスピードはすべてにあらわれているといえるでしょう。ただ、編輯物《へんしゆう》である『淮南子《えなんじ》』を除くと、『楚辞』の注釈をふくめ、ほとんど作品は残っていません。わずかに賦一篇と上書一篇を残すのみです。

それに対し左思は、十年をついやしたといわれる「三都の賦」をはじめ、十篇余りの詩を今に伝え、五言詩の詩人をランクづけした『詩品』では上品におかれます。推敲をへた遅筆が、優れた作品を生み出したというべきでしょう。班固と張衡は前漢の都長安と後漢の都洛陽を対比した『両都の賦』と『両京の賦』を書きました。左思はそれにならって魏・蜀・呉の都を対比したのです。「洛陽の紙価を高からしめる」ということばはこれによります。

◆淮南食時、左思十稔

前漢。淮南王安、高祖之孫。好レ書鼓レ琴、不レ喜二弋猟狗馬馳騁一。亦欲下以レ行二陰徳一、拊二循百姓一、流中名誉上。招二致賓客方術之士数千人一、作二為内外篇一。又有二中篇一、言二神仙黄白之術一。時武帝好二芸文一。以下安属為二諸父一、弁博善為中文辞上、甚尊二重之一。毎レ為二報書及賜一、常召二司馬相如等一、視レ草乃遣。初安入朝。使レ為二離騒伝一。旦受レ詔、日食時上。毎二宴見一、談二説得失及方技賦頌一、昏暮然後罷。後謀レ反、自殺。

晋書。左思字太冲、斉国臨淄人。貌寝口訥、而辞藻壮麗。造二斉都賦一、一年乃成。復欲レ賦二三都一。乃詣二著作郎張載一、訪二岷邛之事一。遂搆レ思十稔、門庭藩溷、皆著二筆紙一。遇レ得二一句一、即便疏レ之。自以二所レ見不一レ博、求為二秘書郎一。及二賦成一、時人未二之重一、自以二其作不一レ謝二班・張一、以示二皇甫謐一。謐称レ善、為二其賦一序、張載為注二魏都一、劉逵注二呉・蜀一而序レ之。張華見曰、「班・張之流也。」於レ是競相伝写。洛陽為レ之紙貴。初陸機欲レ為二此賦一。聞二思作一、撫レ掌而笑。与二弟雲一書曰、「此間有二傖父一、欲レ作二三都賦一。須二其成一、当三以覆二酒甕一耳。」及二思賦出一、機歎伏、以為レ不レ能レ加、遂輟レ筆焉。

［二九］悪《あ》しき迷信《めいしん》を取《と》り除《のぞ》いた西門豹《さいもんほう》、神《かみ》の祠《ほこら》を焼《や》いた何謙《かけん》

史記《しき》。魏《ぎ》の文侯《ぶんこう》の時《とき》、西門豹《さいもんほう》、鄴《ぎよう》の令《れい》と為《な》る。豹到《ほういた》りて、民《たみ》の疾苦《しつく》する所《ところ》を問《と》う。長老曰《ちようろういわ》く、「河伯《かはく》の為《ため》に婦《ふ》を娶《めと》るに苦《くる》しむ。故《ゆえ》を以《もつ》て貧《まず》し。俗語《ぞくご》に、為《ため》に婦《ふ》を娶《めと》らざれば、水来《みずき》たりて人民《じんみん》を漂溺《ひようでき》す、と。」豹曰《ほういわ》く、「時《とき》に至《いた》らば、幸《こいねが》わくは来《き》たりて告《つ》げよ。吾《われ》も亦往《またゆ》きて女《むすめ》を送《おく》らん。」其《そ》の時《とき》に至《いた》り、豹往《ほうゆ》きて河上《かじよう》に会《かい》す。三老《さんろう》・官属《かんぞく》、豪長《ごうちよう》の者《もの》、里《り》の父老皆会《ふろうみなかい》す。其《そ》の巫《ふ》は老女子《ろうじよし》、弟子女十人《ていしじよじゆうにん》を従《したが》う。皆繒《みなきぬ》の単衣《たんい》を衣《き》、大巫《だいふ》の後《うし》ろに立《た》つ。豹《ほう》、河伯《かはく》の婦《ふ》を呼《よ》び、之《これ》を視《み》て曰《いわ》く、「是《こ》の女《むすめ》は好《よ》からず。大巫嫗《だいふう》を煩《わずら》わし、為《ため》に河伯《かはく》に報《ほう》じ、更《あらた》めて好女《こうじよ》を求《もと》めん。」吏卒《りそつ》をして大巫嫗《だいふう》を拘《とら》え、之《これ》を河中《かちゆう》に投《とう》ぜしむ。頃《しばら》く有《あ》りて、曰《いわ》く、「何《なん》ぞ久《ひさ》しき也《や》。弟子《ていし》之《これ》を趣《うなが》せ。」凡《およ》そ三弟子《さんていし》を投《とう》ず。豹曰《ほういわ》

く、「巫嫗《ふう》は女子《じょし》。事《こと》を白《もう》すこと能《あた》わず。三老《さんろう》を煩《わずら》わし、為《ため》に入《い》りて之《これ》を白《もう》させん。」復《ま》た三老《さんろう》を河中《かちゅう》に投《とう》ず。豹《ほう》、簪筆磬折し、河《かわ》に嚮《む》かいて立《た》つ。良《やや》久《ひさ》しくして、又曰《またいわ》く、「三老還《さんろうかえ》らず。廷掾《ていえん》と豪長《ごうちょう》の者一人《ものひとり》とをして入《い》りて之《これ》を趣《うなが》さしめんと欲《ほっ》す。」皆叩頭血流《みなこうとうけつりゅう》す。豹曰《ほういわ》く、「河伯《かはく》、客《きゃく》を留《と》どむることの久《ひさ》しきを状《じょう》す。若皆罷《なんじみなや》め去《さ》れ。」吏民大《りみんおお》いに驚恐《きょうきょう》す。是従《これよ》り敢《あ》えて復《ま》た河伯《かはく》の婦《ふ》を娶《めと》ることを言《い》わず。豹即《ほうすなわ》ち民《たみ》を発《はっ》し十二渠を鑿《うが》ち、河水《かすい》を引《ひ》き、民田《みんでん》に灌《そそ》ぎ、皆水利《みなすいり》を得《う》。民人足《みんじんた》り富《と》む。豹《ほう》の名天下《なてんか》に聞《き》こえ、沢後世《たくこうせい》に流《なが》る。

『（補）史記』。魏の文侯の時代、西門豹は鄴《ぎょう》県の令となった。豹は着任すると、住民が悩み苦しんでいることを尋ねた。長老が言うには、「河伯（河の神）のために嫁をめとることで苦しんでおります。そのために貧乏しています。世間では、河伯のために嫁をめとってやらなければ、水が押し寄せて人民を流しおぼれさせると申してます。」豹、「嫁とりの時がくれば、どうか言いに来てくれ。わしも出かけて娘を送ろう。」その時になって、豹は出かけて河のそばで出会い、三老・

属官・有力者、里の長老みな集まった。その巫女《みこ》は年老いた女性で、女弟子十人を従えていた。彼女らは皆絹の単衣《ひとえ》をはおり、巫女の長の背後に立った。豹は河伯の嫁となる娘を呼びよせ、彼女をじっと見てから言った。「この娘はきれいでない。巫女の長に面倒をかけて、河伯に知らせてもらい、あらためて美しい娘を探そう。」下役に命じて巫女の長をつかまえ、河のなかに投げこませた。しばらくして言った。「どうして長びくのだ。弟子たちに催促させろ。」あわせて三人の弟子を投げこんだ豹はいう。「巫女は女だから、事情を話すことができないのだ。三老に面倒をかけ、なかに入って申し伝えてもらおう。」今度は三老を河のなかに投げこんだ。豹は筆を冠にさし腰を曲げてつつしみ深く、河に向かって立っていた。少ししてまた言った。「三老は帰って来ないな。属官とお偉方一人とに入って催促してもらいたい。」皆頭を地面にたたきつけ、血を流しながら許しを請うた。豹は言った。「河伯が客人たちを引き止めるのが長い様子だから、おまえたちはみな解散しろ。」役人と村民はたいそうおどろき恐れ、これ以後ふたたび河伯のために嫁をめとると言い出さなかった。豹はその後すぐに人民を召し出して十二の水路を掘り、河の水を引いて、民の畑を灌漑《かんがい》し、すべて水の利益を得るようにしてやった。住民は充足し豊かになった。豹の名声は天下に聞こえわたり、恩沢は後世にまでおよんだ。

晋書《しんじょ》。何謙字《かけんあざな》は恭子《きょうし》、東海《とうかい》の人《ひと》なり。謝玄《しゃげん》に従《したが》いて征伐《せいばつ》す。驍果《ぎょうか》にして権《けん》略多《りゃくおお》し。旧注《きゅうちゅう》に云《い》う、謙《けん》、神祠《しんし》を畏《おそ》れず、霊廟有《れいびょうあ》るに遇《あ》えば、皆之《みなこれ》を焚《や》く。

『晋書』。何謙は字《あざな》を恭子といい、東海郡の人である。謝玄に従って征伐に参加し、勇猛果敢で臨機の策略に富んでいた。旧注にいう。何謙は鬼神をまつる祠《ほこら》を恐れず、霊廟があるのに出あうと、すべて焼きはらった。

❖❖❖❖

迷信を打ち破る人間

古代の神は、人間に幸福をもたらすよりも災厄をもたらす存在として、恐れられることがありました。災厄の最たるものは、農業社会においては水害と旱害《かんがい》でした。人々は何とか神をなだめて、災害を引き起こさないようにしようとします。その努力が別の災害を生む場合があります。自然の災害はいつ起こるかわかりませんが、それに対処するために起こす人間の災害は恒常的なものであり、より耐えがたいものです。その不合理さを否定する人間は、弊害を是正するために極端な態度をとります。ここにあげた二つの話にあるのは、民衆の迷信的所業に対する容赦なき反対行動です。

西門豹は、河伯への人身御供《ごくう》として毎年美しい娘をささげる習慣に挑戦します。おそらくその慣例に乗じて利益を得ていたと思われる巫女たちと、犠牲を見すごす役人や有力者たちとを河に投げこむのです。自分が河に投げこまれることになると叩頭《こうとう》(頭を地面に叩《たた》きつけて拝礼する)して血を流す人たちは、おそらく娘を犠牲にすることの無意味さを知っていたにちがいありません。『補史記』はそのことを示すために、彼らの叩頭のことをしるしていると思われます。迷信の否定は、より合理的な対策へと連なります。西門豹の種々の施策はそのことを示すものなのです。

何謙は、神祠をすべて焼きはらうのですが、同様の話は、他の人々についてもしるされています。例えば、曹操は済南の相であった時、祠屋をすべて破壊させ、祭祀を禁じ、さらに、政治の実権をにぎると、支配する地域全部にわたってその政策を施行したといいます。歴史の記述は、それによって祟《たた》りが起こったというようなことはしるしません。心ある人にとっては評価すべき善政として受け取られていたと思われます。

◆西門投レ巫、何謙焚レ祠

史記。魏文侯時、西門豹為二鄴令一。豹到、問三民所二疾苦一。長老曰、「苦下為二河伯一娶上レ婦。以レ故貧。俗語、不二為娶一レ婦、水来漂二溺人民一。」豹曰、「至レ時、幸来告。吾亦往送レ女。」至二其時一、豹往会二河上一。三老・官属、豪長者、里父老皆会。其巫老女子、従二弟子女十人一。皆衣二繒単衣一、立二大巫後一。豹呼二河伯婦一、視レ之曰、「是女不レ好。煩二大巫嫗一、為報二河伯一、更求二好女一。」使下吏卒拘二大巫嫗一、投中之河中上。有レ頃、曰、「何久也。弟子趣レ之。」凡投二三弟子一。豹曰、「巫嫗女子。不レ能レ白レ事。煩二三老一、為入白レ之。」復投二三老河中一。豹簪筆磬折、嚮レ河立。良久、又曰、「三老不レ還。欲レ使下廷掾与二豪長者一人一入趣上レ之。」皆叩頭血流。豹曰、「状二河伯留レ客之久一。若皆罷去。」吏民大驚恐。従レ是不三敢復言二河伯娶一レ婦。豹即発レ民鑿二十二渠一、引二河水一、灌二民田一、皆得二水利一。民人足富。豹名聞二天下一、沢流二後世一。

晋書。何謙字恭子、東海人。従二謝玄一征伐。驍果多二権略一。　旧注云、謙不レ畏二神祠一、遇レ有二霊廟一、皆焚レ之。

[三〇] 諸葛亮《しょかつりょう》は敵《てき》を刺激《しげき》し戦《いくさ》を迫《せま》り、劉備《りゅうび》は陰謀《いんぼう》を悟《さと》られまいとした

晋書《しんじょ》。諸葛亮《しょかつりょう》、衆十余万《しゅうじゅうよまん》を帥《ひき》い、郿《び》の渭水《いすい》の南原《なんげん》に塁《るい》す。天子《てんし》、護軍秦朗《ごぐんしんろう》を遣《つか》わし、歩騎《ほき》二万《にまん》を督《とく》し、宣帝《せんてい》の節度《せつど》を受《う》けしむ。朝廷《ちょうてい》、亮遠《りょうとお》く寇《こう》し、利《り》急戦《きゅうせん》に在《あ》るを以《もっ》て、毎《つね》に帝《てい》に命《めい》じて持重《じちょう》し、以《もっ》て其《そ》の変《へん》を候《うかが》わしむ。亮数《りょうしばしば》戦《たたか》いを挑《いど》むも、帝出《ていい》でず。因《よ》りて帝《てい》に巾幗婦人《きんかくふじん》の飾《しょく》を遺《おく》る。帝怒《ていいか》り、表《ひょう》して決戦《けっせん》を請《こ》う。天子《てんし》許《ゆる》さず。乃《すなわ》ち衛尉辛毗《えいいしんぴ》を遣《つか》わし、節《せつ》を杖《つえ》つき以《もっ》て之《これ》を制《せい》せしむ。亮復《りょうま》た戦《たたか》いを挑《いど》む。帝将《ていまさ》に兵《へい》を出《い》だし以《もっ》て之《これ》に応《おう》ぜんとす。毗《ひ》、節《せつ》を杖《つえ》つきて軍門《ぐんもん》に立《た》つ。帝乃《ていすなわ》ち止《や》む。対塁百余日《たいるいひゃくよじつ》、会《たまたま》亮卒《りょうしゅつ》す。是《これ》より先《さき》、亮《りょう》の使《し》至《いた》る。帝《てい》、「諸葛公《しょかつこう》の食幾米可《しょくいくまいばかり》か。」と問《と》う。対《こた》えて曰《いわ》く、「三《さん》、四升《ししょう》。」次《つ》いで政事《せいじ》を問《と》う。曰《いわ》く、「二十罰以上《にじゅうばついじょう》、皆自《みなみずか》ら省覧《せいらん》す。」帝曰《ていいわ》く、「其《そ》れ能《よ》

く久《ひさ》しからん乎《や》。」竟《つい》に其《そ》の言《げん》の如《ごと》し。　漢晋春秋《かんしんしゅんじゅう》に曰《いわ》く、楊儀《ようぎ》等《ら》、軍《ぐん》を整《ととの》えて出《い》ず。百姓《ひゃくせい》奔《はし》りて宣王《せんおう》に告《つ》ぐ。宣王《せんおう》追《お》う。姜維《きょうい》、儀《ぎ》をして旗《はた》を反《かえ》し鼓《こ》を鳴《な》らし、将《まさ》に宣王《せんおう》に向《む》かわんとする者《もの》の若《ごと》くせしむ。王乃《おうすなわ》ち退《しりぞ》き、敢《あ》えて偪《せま》らず。是《ここ》に於《お》いて儀《ぎ》、陣《じん》を結《むす》びて出《い》ず。谷《たに》に入《い》り、然《しか》る後喪《のちそう》を発《はっ》す。宣王《せんおう》の退《しりぞ》くや、百姓《ひゃくせい》の諺《げん》に曰《いわ》く、「死《し》せる諸葛《しょかつ》、生《い》ける仲達《ちゆうたつ》を走《はし》らす。」或《ある》ひと以《もっ》て王《おう》に告《つ》ぐ。王曰《おういわ》く、「吾能《われよ》く生《せい》を料《はか》るも、便《すなわ》ち死《し》を料《はか》らざる也《なり》。」

『晋書』。諸葛亮は十余万の軍勢をひきい、郿《び》県を流れる渭《い》水の南の高原に陣をきずいた。天子（魏の明帝）は護軍の秦朗を派遣し、歩兵騎兵二万を統率して、宣帝（司馬懿）の指揮を受けさせた。朝廷は、亮軍は遠来の軍であり急戦を有利としていると考え、つねに帝に自重して敵の異変を待つように命じた。諸葛亮はたびたび戦闘を挑んだが、帝は出撃しなかった。そこで帝に髪飾りなど婦人の装飾品を贈った。帝は怒り、上奏して決戦することを願ったが、天子は許さず、衛尉の辛毗《しんぴ》を派遣して、使者の旗を手にして制止させた。諸葛亮がまた戦闘を挑み、帝が兵を出して対応しようとすると、辛毗は旗を手にして軍門に突っ立った。帝はそこで中止した。対陣すること百余日、折しも諸葛亮はなくなった。これより前、諸葛亮の使者が来た時、帝は「諸葛公の食事はどのくらいの量かね。」と尋ねると、「三、四升（一升は約〇・二リットル）です。」と答えた。つづいて政治について質問すると、「二十以上の鞭《むち》打ちは、すべてご自身が立ち会われます。」と答えた。帝は「それでは長くもつかな。」と言ったが、結局そのことばどおりとなった。

『漢晋春秋』にいう。（諸葛亮の死後）楊儀らは軍をととのえて帰途についた。住民が急いで宣王（司馬懿）に報告し、宣王が追撃すると、姜維《きょうい》は楊儀に命じ軍旗をかえし陣太鼓を鳴らして宣王に反撃する態度を示させた。王はそこで退き、思いきって近づくことはしなかった。その結果、楊儀は軍陣をしきながら帰路につき、峡谷に入ってはじめて喪を発表した。宣王が退いたことについて、住民はことわざを作って、「死せる諸葛、生ける仲達を走らす。」と言った。ある者が宣王にそのことわざを告げると、宣王は「わしは生に対処できるが、死を予測できぬ。」と言った。

蜀志《しょくし》。先主劉備字《せんしゅりゅうびあざな》は玄徳《げんとく》、涿郡涿県《たくぐんたくけん》の人《ひと》、漢《かん》の中山靖王勝《ちゅうざんせいおうしょう》の後《のち》なり。少《わか》くして孤《こ》、母《はは》と履《り》を販《う》り席《せき》を織《お》るを業《ぎょう》と為《な》す。舎《しゃ》の東南角《とうなんかく》の籬上《りじょう》に、桑樹《そうじゅ》有《あ》りて生《しょう》じ、高《たか》さ五丈余《ごじょうよ》、遥《はる》かに望見《ぼうけん》すれば童童《どうどう》として小車蓋《しょうしゃがい》の如《ごと》し。或《ある》ひと謂《い》う、「当《まさ》に貴人《きじん》を出《い》だすべし。」と。先主少《せんしゅわか》き時《とき》、諸小児《しょしょうじ》と樹下《じゅか》に於《お》いて戯《たわむ》れ言《い》う、「吾必《われかなら》ず当《まさ》に此《こ》の羽葆蓋車《うほがいしゃ》に乗《の》るべし。」先主《せんしゅ》、手《て》を垂《た》るれば膝《ひざ》より下《さ》がり、自《みずか》ら其《そ》の耳《みみ》を見《み》る。好《この》んで豪侠《ごうきょう》と交結《こうけつ》し、年少争《ねんしょうあらそ》いて之《これ》に付《ふ》す。霊帝《れいてい》の末《すえ》、黄巾起《こうきんお》こり、州郡《しゅうぐん》各《おのおの》義《ぎ》兵《へい》を挙《あ》ぐ。先主其《せんしゅそ》の属《ぞく》を率《ひき》い、賊《ぞく》を討《う》ち功《こう》有《あ》り、安《あん》喜《き》の尉《い》に除《じょ》せられ、豫州《よしゅう》の牧《ぼく》に累遷《るいせん》す。曹公《そうこう》に従《したが》い許《きょ》に還《かえ》る。曹公従容《そうこうしょうよう》として謂《い》いて曰《いわ》く、「今《いま》、天下《てんか》の英雄《えいゆう》、惟《た》だ使君《しくん》と操《そう》と耳《のみ》。本初《ほんしょ》の徒《と》、数《かぞ》うるに足《た》らざる也《なり》。」先主方《せんしゅまさ》に食《しょく》し、匕箸《ひちょ》を失《しっ》す。本初《ほんしょ》は袁紹《えんしょう》の字《あざな》なり。

『蜀志』。先主の劉備は字《あざな》を玄徳といい、涿《たく》郡涿県の人で、漢の中山靖王劉勝の子孫にあたる。若くして父を亡くし、母とともに履《くつ》を売り蓆《むしろ》を織って生計を立てた。宅地の東南の角の籬《まがき》のそばに、桑の木が生えていて、高さは五丈余りあり、遠くから望見するとこんもりして小さな車のほろのようだった。それを見て、貴人が出るにちがいないという者がいた。先主は幼少のころ、子どもたちと桑の木の下で遊んでいて、「僕はきっとこのほろ車に乗るんだ。」と言った。先主は手を下ろすとひざから下まであり、自分で自分の耳を見ることができた。好んで男だてとつきあい、若者たちは争って彼につき従った。霊帝の末、黄巾の乱が起こり、州や郡ではそれぞれ義兵を起こした。先主は仲間をひきつれ、賊を討伐して功績を立てた。安喜県の尉に任命され、昇進して豫州の牧に昇った。曹公に従って許に帰還した。曹公はくつろぎの席で彼に向かって、「今、天下の英雄は、ただ知事どのと私とだけですな。本初のような連中は、数のなかに入らない。」と言った。先主は食事の最中だったが、さじとはしを取り落とした。本初は袁紹の字《あざな》である。

❖❖❖❖

三国蜀の君臣の話

劉備と諸葛亮は、三国時代、蜀を建国した英雄です。諸葛亮、字《あざな》孔明（一八一―二三四）は、劉備の三顧の礼にこたえて出馬し、劉備を助け蜀を建て、その死後、劉禅の丞《じょう》相《しょう》として政治・軍事をとりしきります。領土は小さく、経済力も劣り、人材にも乏しい蜀を存立させるために、諸葛亮は腐心し、自分の生きている間に魏を滅ぼそうとします。三度の出陣は結局成功せず、五丈原で死にます。髪飾りを贈って女のように引きこもってばかりいると侮辱し、なんとか戦闘に引きこもうとするのに対し、司馬懿《い》は上奏文をたてまつって戦いを請います。古来「将、命を君に受くれば、君命も受けざる所有り。」（『孫子』九変篇）といいます。命令をうけて将軍となった以上は、君主の命令があっても受けず、自己の判断で対処する、というのです。司馬懿がわざわざ上

奏文をたてまつったのは、部下の将兵たちが自分を臆病《おくびょう》者と考えないためのゼスチュアであって、ほんとうに戦う気があれば独断で行動できるはずであったと許する人もいて、魏帝が辛毗《しんぴ》を派遣したのも、そういった司馬懿の気持ちを忖度《そんたく》した結果とされます。なお、住民のことわざは「葛」と「達」が韻をふんでいます。

劉備についての子どもの時の話は、英雄伝説の一種です。ただ、桑の木が小さな車のほろのようだと「小」の字をつけるのは、その領土の小ささを象徴するのでしょう。劉備は豫州牧の後、徐州をも併せ領しますが、呂布《りょふ》に不意をおそわれ、曹操の助けを借りて呂布を殺します。当時、曹操は天子献帝を擁して許におり、劉備は曹操に従って許におもむき、左将軍となりました。曹操の権力の増大を恐れた献帝は、皇后の父董承《とうしょう》に曹操討伐の密詔を授け、劉備もその謀に参加しました。曹操が、自分と劉備だけが英雄だと言ったのは、その時です。劉備が思わずはしを落としたのは、そのような状況のもとでした。曹操に陰謀をさとられたのではないかと恐れたのです。安喜尉になって以後の引用には、かなりの省略があります。

◆亮遺二巾幗一、備失二匕箸一

晋書。諸葛亮帥二衆十余万一、塁二于郿之渭水南原一。天子遣二護軍秦朗一、督二歩騎二万一、受二宣帝節度一。朝廷以三亮遠寇、利在二急戦一、毎命レ帝持重、以候二其変一。亮数挑レ戦、帝不レ出。因遺二帝巾幗婦人之飾一。帝怒、表請二決戦一。天子不レ許。乃遣二衛尉辛毗一、杖レ節以制レ之。亮復挑レ戦。帝将二出レ兵以応一レ之。毗杖レ節而立二軍門一。帝乃止。対塁百余日、会亮卒。先レ是亮使至。帝問三、「諸葛公食可二幾米一。」対曰、「三四升。」次問二政事一。曰、「二十罰以上、皆自省覧。」帝曰、「其能久乎。」竟如二其言一。　漢晋春秋曰、楊儀等整レ軍而出。百姓奔告二宣王一。宣王追焉。姜維令下儀反レ旗鳴レ鼓、若中将レ向二宣王一者上。王乃退、不二敢偪一。於レ是儀結レ陣而出。入レ谷、然後発レ喪。宣王之退、百姓諺曰、「死諸葛、走二生仲達一。」或以告レ王。王曰、「吾能料レ生、不二便料一レ死也。」

蜀志。先主劉備字玄徳、涿郡涿県人、漢中山靖王勝之後。少孤、与レ母販レ履織レ席為レ業。舎東南角籬上、有二桑樹一生、高五丈余、遥望見童童如二小車蓋一。或謂、「当レ出二貴人一。」先主少時、与二諸小児一於二樹下一戯言、「吾必当レ乗二此羽葆蓋車一。」先主垂レ手下レ膝、自見二其耳一。好交二結豪俠一、年少争付レ之。霊帝末、黄巾起、州郡各挙二義兵一。先主率二其属一、討レ賊有レ功、除二安喜尉一、累二遷豫州牧一。従二曹公一還レ許。曹公従容謂曰、「今天下英雄、惟使君与レ操耳。本初之徒、不レ足レ数也。」先主方食、失二匕箸一。　本初袁紹字。

［三一］張子房《ちょうしぼう》は老人《ろうじん》の履物《はきもの》を取《と》り、張釈之《ちょうしゃくし》は靴下《くつした》の紐《ひも》を結《むす》んだ

前漢《ぜんかん》（書《じょ》）。張良《ちょうりょう》字《あざな》は子房《しぼう》、其《そ》の先《さき》韓人《かんひと》なり。嘗《かつ》て下邳《かひ》の圯上《いじょう》に遊《あそ》ぶ。一老《いちろう》父有《ふあ》り、褐《かつ》を衣《き》、良《りょう》の所《ところ》に至《いた》り、直《ただ》ちに其《そ》の履《り》を圯下《いか》に堕《お》とし、謂《い》いて曰《いわ》く、「孺子《じゅし》、下《くだ》りて履《り》を取《と》れ。」良愕然《りょうがくぜん》とし、之《これ》を欧《なぐ》らんと欲《ほっ》す。其《そ》の老《ろう》の為《ため》に、廼《すなわ》ち彊《し》いて忍《しの》び下《くだ》りて履《り》を取《と》り、因《よ》りて跪《ひざまず》きて進《すす》む。父足《ふあし》を以《もっ》て之《これ》を受《う》け、笑《わら》いて去《さ》る。復《ま》た還《かえ》りて曰《いわ》く、「孺子《じゅし》、教《おし》う可《べ》し。後五日《のちいつか》平明《へいめい》、我《われ》と此《ここ》に期《き》せよ。」良跪《りょうひざまず》きて曰《いわ》く、「諾《だく》。」と。往《ゆ》くに及《およ》び、父《ふ》已《すで》に先《さき》に在《あ》り。怒《いか》りて曰《いわ》く、「老人《ろうじん》と期《き》し、後《おく》るるは何《なん》ぞ也《や》。去《さ》れ。後五日《のちいつか》蚤《はや》く会《かい》せよ。」五日《いつか》にして鶏鳴《けいめい》に往《ゆ》く。父又先《ふまたさき》に在《あ》り。復《ま》た怒《いか》りて曰《いわ》く、「去《さ》れ。後五日《のちいつか》蚤《はや》く来《き》たれ。」五日《いつか》にして良《りょう》、夜半《やはん》に往《ゆ》く。頃《しばら》く有《あ》り、父《ふ》も亦来《またき》たり、喜《よろこ》びて曰《いわ》く、「当《まさ》に

是《か》くの如《ごと》くなるべし。」一編《いっぺん》の書《しょ》を出《い》だして曰《いわ》く、「是《これ》を読《よ》まば則《すなわ》ち王者《おうじゃ》の師《し》と為《な》らん。後十年《のちじゅうねん》にして興《おこ》らん。十三年《じゅうさんねん》、孺子《じゅし》、我《われ》を見《み》ん。済北《せいほく》の穀城山《こくじょうざん》の下《した》の黄石《こうせき》は、即《すなわ》ち我已《われのみ》。」遂《つい》に去《さ》りて見《み》ず。旦日《たんじつ》其《そ》の書《しょ》を視《み》れば、廼《すなわ》ち太公《たいこう》の兵法《へいほう》なり。良之《りょうこれ》を異《い》とし、常《つね》に習誦《しゅうしょう》す。後高帝《のちこうてい》に従《したが》い、済北《せいほく》を過《す》ぐ。果《は》たして黄石《こうせき》を得《う》。取《と》りて之《これ》を宝祠《ほうし》す。良死《りょうし》し、幷《あわ》せ葬《ほうむ》る。初《はじ》め良数《りょうしばしば》兵法《へいほう》を以《もっ》て高祖《こうそ》に説《と》くに、常《つね》に其《そ》の策《さく》を用《もち》いらる。他人《たにん》の為《ため》に言《い》うも、皆省《みなかえりみ》られず。良以《りょうもっ》て天授《てんじゅ》と為《な》し、遂《つい》に従《したが》いて去《さ》らず。良多病《りょうたへい》、未《いま》だ嘗《かつ》て特《ひと》り兵《へい》を将《ひき》いず、常《つね》に画策《かくさく》の臣為《しんた》り。功臣《こうしん》を封《ほう》ずるに及《およ》び、良未《りょういま》だ嘗《かつ》て戦闘《せんとう》の功有《こうあ》らず。帝曰《ていいわ》く、「籌《はかりごと》を帷幄《いあく》の中《うち》に運《めぐ》らし、勝《かち》を千里《せんり》の外《そと》に決《けつ》するは、子房《しぼう》の功也《こうなり》。」廼《すなわ》ち封《ほう》じて留侯《りゅうこう》と為《な》す。

『前漢（書）』。張良は字《あざな》を子房といい、その先祖は韓の人である。前に下邳《かひ》の土橋の上に出かけたことがあった。一人の老人がいて、粗末な服を着、良のいる所に来ると、わざと自分の履物を橋の下に落とし、彼に向かって言った。「若造、下りて履物を取って来い。」張良はびっくりし、なぐろうかと思ったが、年老いているため、無理に我慢し、下りて履物を取って来ると、ひざをついて差し出した。老人は足でそれを受け取ると、笑いながら去ったが、またもどって来て言った。「若造、教える値打ちがある。五日後の夜明け、わしとここで会おう。」張良はひざまずいて「承知しました。」と言った。出かけると、老人はすでに先に来ていて、怒って言った。「老人と約束しながら、おくれるとは何だ。去れ。五日後の朝早く会おう。」五日たって鶏の鳴く時分に行くと、老人はまたも先に来ており、また怒

って言った。「去れ、五日後早く来い。」五日たって良は夜中に出かけた。しばらくして、老人も来たが、喜んで言った。「こうでなければならぬ。」一篇の書物を出すと、「これを読めば王者の師となれる。十年後に頭角をあらわし、十三年して、若造はわしと会うだろう。済北の穀城山のふもとの黄色の石こそ、わしじゃ。」と言い、そのまま立ち去って見えなくなった。翌朝、その書物をよく見ると、なんと太公の兵法だった。張良はそれを大事にし、いつも勉強し暗唱した。のちに高帝に従い、済北を通った時、果たして黄色の石を見つけた。それを取り宝物としてまつった。張良が死ぬと、いっしょにほうむった。それより以前、張良はたびたび兵法をもって高祖に進言したが、つねにその策は用いられた。他の人に言っても、だれも相手にしなかった。張良は天がさずけてくださった方だと思い、そのまま従って去らなかった。張良は病気がちで、彼だけは兵を統率したことがなく、つねに計略を立てる臣であった。功臣に封土を与える時、張良には戦闘による勲功が一つもなかったが、帝は「はかりごとを軍営のなかでめぐらし、勝利を千里のかなたで決めたのは、子房の功績である。」と言い、封土を与えて留侯とした。

前漢《ぜんかん》（書《じょ》）。張釈之《ちょうせきし》字《あざな》は季《き》、南陽堵陽《なんようとよう》の人《ひと》なり。貲《し》を以《もっ》て騎郎《きろう》と為《な》り、文帝《ぶんてい》に事《つか》う。十年調《じゅうねんちょう》さるるを得《え》ず、名《な》を知《し》らるること亡《な》し。後廷尉《のちていい》に拝《はい》す。議《ぎ》を持《じ》すること平《へい》、天下《てんか》之《これ》を称《しょう》す。王生《おうせい》なる者《もの》善《よ》く黄老《こうろう》の言《げん》を為《な》す。嘗《かつ》て召《め》されて廷中《ていちゅう》に居《お》る。公卿《こうけい》尽《ことごと》く会《かい》し立《た》つ。王生《おうせい》は老人《ろうじん》なり、曰《いわ》く、「吾《わ》が韈《べつ》解《と》けり。」顧《かえりみ》て釈之《せきし》に謂《い》う。「我《わ》が為《ため》に韈《べつ》を結《むす》べ。」釈之《せきし》跪《ひざまず》きて之《これ》を結《むす》ぶ。或《ある》ひと王生《おうせい》を譲《せ》む。「独《ひと》り奈何《いかん》ぞ廷《てい》にて張廷尉《ちょうていい》を辱《はずかし》む。」王生曰《おうせいいわ》く、「吾老《われお》い且《か》つ賎《いや》し。自《みずか》ら度《はか》るに終《つい》に張廷尉《ちょうていい》に益《えき》する亡《な》し。廷尉《ていい》は、天下《てんか》の名臣《めいしん》なり。吾聊《われいささ》か韈《べつ》を結《むす》ばしむるは、以《もっ》て之《これ》を重《おも》んぜんと欲《ほっ》するなり。」諸公之《しょこうこれ》を聞《き》き、王生《おうせい》を賢《けん》とし釈之《せきし》を重《おも》んず。

『前漢（書）』。張釈之は字《あざな》を季といい、南陽郡堵陽県の人である。金を出して騎郎となり、文帝に仕えたが、十年間選抜されることなく、名を知られることもなかった。のちに廷尉に任命されたが、論議は公平を守り、天下の人は彼を称揚した。王生という者はよく黄老の思想について語ることができた。ある時召されて朝廷のなかにいる時、三公九卿もすべて集まり立っていた。王生は老人であったが、「わしの靴下がほどけた。」と言い、ふり返って釈之に対して「わしのために靴下を結んでくれ。」と言った。釈之はひざをついて結んでやった。ある人が王生をとがめて、「どうして朝廷で張廷尉を特に侮辱したのだ。」と言うと、王生は言った。「わしは年老いているうえに身分が低い。考えてみると張廷尉に役立つことは何もない。廷尉は天下の名臣だ。わしはちょっと靴下を結ばせ、彼を尊重しようと思ったのだ。」諸公はそれを聞くと、王生を評価するとともに釈之を尊重した。

❖　❖　❖　❖

老人の無理を聞いて利益を得た話

老人の気ままさとそれを許す人物のやりとりを描きます。老人にのみ許される特権を利用して、張良と張釈之の二人に利益を与えた話です。

張良（?―前一八九）は、漢の高祖の謀臣として天下統一に貢献し、漢朝成立後もその安定に大きな役割を果たしました。その謀策は老人から与えられた太公の兵法（太公望呂尚の作とされる兵法書）を学んだためであることを、この話は伝えようとするもののようです。おそらく神秘性を付与しようとする意図が、この話を作らせたのでしょう。

張釈之は、良識ある率直な発言によって文帝に認められ、廷尉として内外に重んじられました。王生は彼の寛容さを示すことによって、さらに重みをつけようとし、その後は景帝により処罰されそうな時に忠言を与えました。漢初にさかんだった黄老の教えは、張良も信奉していました。その内容はよくわかりませんが、張良、王生の行為のなかに、その教えが示されているようにみえます。

◆子房取レ履、釈之結レ韤

前漢。張良字子房、其先韓人。嘗遊二下邳圯上一。有二一老父一、衣レ褐、至二良所一、直堕二其履圯下一、謂曰、「孺子、下取レ履。」良愕然、欲レ欧レ之。為二其老一、廼彊忍下取レ履、因跪進。父以レ足受レ之、笑去。復還曰、「孺子、可レ教矣。後五日平明、与レ我期レ此。」良跪曰、「諾。」及レ往、父已先在。怒曰、「与二老人一期、後何也。去。後五日蚤会。」五日鶏鳴往。父又先在。復怒曰、「去。後五日蚤来。」五日良夜半往。有レ頃、父亦来、喜曰、「当レ如レ是。」出二一編書一曰、「読レ是則為二王者師一。後十年興。十三年、孺子見レ我。済北穀城山下黄石、即我已。」遂去不レ見。旦日視二其書一、迺太公兵法。良異レ之、常習誦。後従二高帝一、過二済北一。果得二黄石一。取而宝二祠之一。良死、幷葬焉。初良数以二兵法一説二高祖一、常用二其策一。為二他人一言、皆不レ省。良以為二天授一、遂従不レ去。良多病、未二嘗特将一レ兵、常為二画策臣一。及レ封二功臣一、良未三嘗有二戦闘功一。帝曰、「運二籌帷幄中一、決二勝千里外一、子房功也。」迺封為二留侯一。

前漢。張釈之字季、南陽堵陽人。以レ貲為二騎郎一、事二文帝一。十年不レ得レ調、亡レ所レ知レ名。後拝二廷尉一。持レ議平、天下称レ之。王生者善為二黄老言一。嘗召居二廷中一。公卿尽会立。王生老人、曰、「吾韈解。」顧謂二釈之一、「為レ我結レ韈。」釈之跪而結レ之。或譲二王生一。「独奈何廷辱二張廷尉一。」王生曰、「吾老且賤。自度終亡レ益二於張廷尉一。廷尉、天下名臣。吾聊使レ結レ韈、欲二以重一レ之。」諸公聞レ之、賢二王生一而重二釈之一。

ビギナーズ・クラシックス 中国《ちゅうごく》の古典《こてん》

蒙《もう》求《ぎゅう》

今鷹《いまたか》 眞《まこと》

平成22年 12月25日　初版発行
令和６年 11月25日　11版発行

発行者●山下直久

発行●株式会社KADOKAWA
〒102-8177　東京都千代田区富士見2-13-3
電話　0570-002-301（ナビダイヤル）

角川文庫 16617

印刷所●株式会社KADOKAWA
製本所●株式会社KADOKAWA

表紙画●和田三造

ISBN978-4-04-407221-6　C0198

◆◇◇